우리는
작은 가게에서
어른이 되는
중입니다

# 우리는 작은 가게에서 어른이 되는 중입니다

2017년  12월 21일  1판 1쇄
2020년   9월 25일  1판 4쇄

**지은이** 박진숙

**편집** 정은숙·박주혜  **디자인** 김민해
**제작** 박흥기  **마케팅** 이병규·양현범·이장열  **홍보** 조민희·강효원

**인쇄** 코리아피앤피  **제책** J&D바인텍

**펴낸이** 강맑실  **펴낸곳** (주)사계절출판사
**등록** 제406-2003-034호  **주소** (우) 10881 경기도 파주시 회동길 252
**전화** 031)955-8588, 8558  **전송** 마케팅부 031)955-8595  편집부 031)955-8596
**홈페이지** www.sakyejul.net  **전자우편** skj@sakyejul.com
**블로그** skjmail.blog.me  **페이스북** facebook.com/sakyejul
**트위터** twitter.com/sakyejul

© 박진숙, 2017

ISBN 979-11-6094-331-3 03330

이 도서의 국립중앙도서관 출판시도서목록(CIP)은
서지정보유통지원시스템 홈페이지(http://www.seoji.nl.go.kr)와
국가자료공동목록시스템(http://www.nl.go.kr/kolisnet)에서
이용하실 수 있습니다. (CIP제어번호: CIP2017032473)

# 우리는 작은 가게에서
# 어른이 되는 중입니다

조금 일찍 세상에 나와
일하며 성장하는
청(소)년들의 이야기

박진숙

사□계절

# 잠잠할 날 없는 도시락 배달 가게, 소풍가는 고양이

"오늘 오전 주문은 어땠어요? 별일 없었나요?"

다 같이 한자리에 모여 점심을 먹을 때마다 오늘은 아무 일도 없었는지 확인하는 게 나의 오랜 버릇이다.

"빼먹은 전처리가 있었어요."

"케이터링 도구 챙기는 걸 공유해야 하는데 까먹었어요."

소풍가는 고양이의 구성원들은 길게 말하지 않는 특성이 있다.

"한 문장 말고 여러 문장으로 길게 이야기해 봐요."

"음……."

침묵이 시작되면 나는 스무고개 시간이 돌아왔다는 걸 직감적으로 알아차린다.

"전처리를 안 한 게 뭐예요?"

"두부요."

"두부는 있었어요?"

"네."

"그나마 다행이네. 그럼 전처리 안 한 걸 언제 알았는데요?"

이렇게 단답형 질문과 답이 반복해서 오가며 한 문장 한 문장 쌓여서 비로소 한 문단이 완성된다. 전날 두부를 잘라 두었어야 하는데 미리 해 두지 않았고, 배달할 때 가지고 나가야 하는 수저와 앞 접시와 국그릇을 전날 챙기지 않았다. 그런데 뒤늦게 알아차려서 당황했고, 배달 가기 직전에 급히 챙기고 요리하느라 약속한 배달 시각에 겨우겨우 도착했다는 내용이다.

퍼즐처럼 모든 상황이 다 꿰어지면 그제야 누구 잘못인지, 후속 조치를 어떻게 하면 좋을지 의논하고 마무리한다. 문제의 크기와 무게에 따라 큰소리가 오갈 때도 있고, 칭찬이 오갈 때도 있고, 안도할 때도 있다. 분위기가 화기애애할 때도 있고, 무거울 때도 있고, 긴장감이 팽팽할 때도 있다. 그렇지만 잠시 풀이 죽긴 해도 주눅 드는 사람은 아무도 없다. 그건 우습게도 이튿날 비슷한 일이 반복되는 것으로 바로 확인할 수 있다. 털어놓자면 우리는 반복에 매우 익숙한데, 신기하게도 매번 색달라서 지루할 틈이 없다.

문제없는 날보다 문제 있는 날이 훨씬 더 많은 곳. 단 하루도 조용할 날 없는 이곳이 바로 '소풍가는 고양이'다. 소풍가는 고양이는 서울시 마포구 성산동의 성미산 마을에 자리 잡은 작은 도시락 배달 가게이고, 10여 명의 청소년과 청년, 어른들이 함께 일하는 일터이며, 7년째 장사를 이어 오고 있다. 소풍가는 고양이는 청소년·청년 구성원들과 회사 소유권을 공유하고 책임과 권한, 그리고 이윤을 나누는 '청(소)년 주식 소유제'로 운영된다. 쉽게 설명하면 주식을 소유한 청소년과 청년이 회사의 주인이라는 뜻이다. 우리는 이들을 '인재'라고 표현하는데, 스스로 판단하고 결정하고 감당하거나 책임지는 사람이라는 의미다. 거창하게 들리지만 사실은 보통 어른을 말한다. 청소년과 청년 구성원들은 음식을 만들고 팔고 배달하는 일을 통해 어른스러움과 분별력을 배우고 실천하며 회사의 주인이 되어 가는 과정을 거치면서 인재로 자란다. 현재 회사의 주인이 된 임원은 모두 4명이다.

그렇다고 구성원을 까다롭게 채용하는 것은 아니다. 대학에 가지 않은 18세에서 24세 사이의 '비대졸자'라면 묻지도 따지지도 않고 정규직으로 일할 수 있다. 요리에 관심이 없어도 되고, 일해 본 경험이 아예 없어도 된다. 고졸이거나 중졸이어도 되고 학교를 다니지 않거나 일찍 그만두었어도 상관없지만, 학교를 다니면서 일할 수는 없다.

일주일에 5일, 매일 6시간을 일하면서 최저 임금보다 높은 생활 임금을 받는다. 자신이 원할 경우 1년을 일하면 주식을 소유하는 회사의 임원이 될 수 있고, 3년을 일하면 1일 8시간 근무로 바꿀 수 있다. 우리는 오래 일하는 것을 아주 중요하게 여기는데, 소풍가는 고양이를 거쳐 간 청소년과 청년 구성원들은 길게는 7년부터 짧게는 2주일까지 저마다 일한 기간이 다양하다.

어떤 사람들은 소풍가는 고양이가 복지 제도가 좋기로 소문난

'북유럽 스타일'이라며 놀라기도 한다. 그러나 이것은 겉모습만 보고 하는 소리다. 그토록 좋은 회사라면 서로 들어오겠다고 앞다투어 줄을 서야 하는데 현실은 그렇지 않다. 더구나 입사한다 해도 근속 기간이 길고 주인이 된 구성원은 정말 한 줌이다. 이유는 아주 간단하다. 들어오긴 쉬워도 마음먹고 진득하게 해내기가 쉽지 않기 때문이다.

소풍가는 고양이는 시장에서 생존 경쟁을 하는 진짜 일터라서 제 밥벌이를 할 정도로 실력과 소양을 쌓아야 하고, 그것을 넘어선 다음엔 자신과 동료들의 일터를 협력해서 살리고 지켜야 한다. 그것도 공정하고 공평한 방식으로, 고달픈 몸노동을 하면서 말이다. 노동은 결코 낭만적이지 않으며 고되고 힘든 활동이다. 또한 생계가 걸려 있어 발목 잡힌 느낌을 지울 수 없는 활동이다. 그런 현실을 고생 끝에 낙이 온다는 식으로 부정하거나 훈훈한 미담으로 아름답게 포장하려는 건 아니다. 노동 예찬론자는 아니지만 나를 비롯해 비대졸자 청소년과 청년, 어른 구성원들은 소풍가는 고양이에서 노동에도 배움이 있으며, 노동을 통해 성숙해진다는 것을 발견하고 배워 가고 있다.

이쯤 되면 대부분 눈치챘겠지만, 우리 회사의 진짜 정체는 대학을 가지 않은 비대졸 청소년과 청년이 학교가 아닌 음식 장사를 하는 일터에서 어른으로 자라는 곳이다. 내가 만나는 청소년과 청년들은 마지못해 공부해야 하는 입시 지옥에서 탈출했거나 혹은 탈출을 꿈꾸며 무기력하게 순응할 수밖에 없었다. 그리고 비대졸자가 되었다. 대학에 안 간 것이든 못 간 것이든 상관없이 이들의 다음 행보는 일의 세계로 들어가는 것뿐이다.

그러나 이들이 직면한 일의 세계가 돈벌이에 내몰려 마지못해 일하고 또다시 일터 탈출을 꿈꿀 수밖에 없는 곳이라면 너무 불행하지 않은가. 비록 독일처럼 교수와 고졸 기능직 노동자의 월급이 비슷해질 수는 없겠지만 적어도 학력으로 사람의 가능성과 능력에 순위와 가치를 매겨 줄을 세우지 않는 일터, 어떤 노동을 하든 비하하거나 무시당하지 않는 사회, 이런 세상이 된다면 저임금 단순 노동으로 내몰리는 비대졸자의 진로 문제가 조금이라도 해결되지 않을까?

처음에는 이런 세상을 만드는 데 보탬이 되는 일터를 만들기 위해서 일과 삶의 조화, 노동 윤리, 시장 자본주의, 사회적 경제, 경영, 삶의 기술, 공동체, 자아실현 등 추상적이고 거대한 말들과 씨름하며 무척 혼란스러운 나날을 보냈다. 그러나 이런 말들은 코앞에 닥친 오늘 하루 장사에 아무 도움도 되지 않았다. 손님을 어떻게 대해야 하는지, 손해를 보지 않으면서도 질 좋고 맛있는 음식을 만들려면 어떻게 해야 하는지, 어떻게 포장해야 차 안에서 음식이 흐트러지지 않는지, 우리 가게를 알리려면 어떻게 해야 하는지, 일을 처음 하는 청소년과 청년에게 어떻게 일을 가르쳐야 하는지, 업무 영역을 어떻게 확장해 나가야 하는지, 구성원들끼리 아옹다옹 싸울 때 무엇을 해야 할지, 일을 그만두겠다고 말할 때 잡아야 할지 말아야 할지, 벌리지 않는 돈은 어떻게 해야 벌 수 있는지와 같은 너무나 사소한 것이 가장 궁금하고 또 가장 큰 고민이었다.

이러다 그야말로 비대졸 청소년과 청년을 위한 일터는 고사하고 우리 모두 돈의 노예가 되는 건 아닐까 얼마나 마음 졸였는지 모른다. 하지만 경제학자 류동민의 조언처럼 "먹고사는 일에 치명적으로 위협적인 일이 아닌 이상 노동의 아주 작은 부분에서부터 '해야 할 것'과 '해서는 안 될 것', 그리고 '안 하는 편을 택해야 할 것'을 구분하는 자그마한 실천"[1]이 곧 교육이며, 또한 좋은 세상과 괜찮은 일터를 현실에서 만들어 가는 구체적인 방법이라는 걸 차츰 깨우치게 됐다. 노동이란 사실 사람이 하는 실제 활동이며 동시에 필요한 활동이다. 따라서 노동이 지닌 이러한 긍정적인 측면을 발견하고자 꾸준히 노력한다면 노동에 대한 부정적인 인식이 달라질 것이고 결국에는 노동 현장이 바뀔 수 있다.

그럼에도 여기서 내가 하려는 이야기가 너무 비현실적이어서 다른 사람들에게는 의미가 없을 거라고 생각할지 모르겠다. 사실 소풍가는 고양이가 생각만큼 별나거나 반전이 숨어 있는 곳은 아니다. 우리는 경제적인 부를 일구는 '성공'을 하지 못했다. 아주 느리게 한 발 한 발 성장하다 보니 행여 망하면 어쩌나 하는 마음에 늘 불안에 떨고 전전긍긍한다.

그래서 이 책에는 거창한 성공 스토리가 없다. 비대졸 청소년과

---

1) 류동민, 『일하기 전엔 몰랐던 것들』, 웅진지식하우스, 2013, 279쪽.

청년이 지금 맞닥뜨리고 있는 진로 교육과 노동, 일터에서 출발하지만 그들에 대한 노동 착취 현실, 직업, 노동권 이야기는 하지 않는다(이런 주제들은 다른 책들이 더 잘 다루고 있다). 대신에 청소년, 청년 구성원들과 함께 일하면서 실수하고 우연한 발견을 통해 깨달은 것, 그 과정에서 얻은 배움과 사람의 성장에 대한 소박한 이야기를 다룬다. 이를 통해 우리 사회의 '손톱만큼 작은 사람들'의 삶과 노동을 추상적인 개념이 아닌 살아 움직이는 사람들의 실제 모습으로 바라보려는 것이다.

# 차례

## 식구들을 소개합니다

쫑 씩씩이 매미 홍아 차차 혁 단미

**차차**  2010년 하자센터 연금술사프로젝트에 청년 인턴으로 합류해 실무를 맡았다. 자기와 비슷한 또래의 청소년·청년들에게 어른 노릇을 해야 하는 모순된 상황으로 고민이 많았지만 어려움을 극복하고 지금은 독보적인 존재가 된 인물. '친절한 차차 씨'라고 불릴 정도로 소풍가는 고양이에 관한 모든 걸 알고 무엇이든 척척 해내며 잘 알려 주는 실세. 소풍가는 고양이 창업자, 현재 주식을 소유한 이사로 재직 중.

**단미**  1988년생. 메이크업 아티스트를 꿈꾸었지만 2011년 연금술사프로젝트 교육생으로 24세의 가장 많은 나이로 지원, 소풍가는 고양이를 창업하고 주식을 소유한 이사로 일했다. 언제나 당당하고 무엇이든 겁내지 않고 앞장서는 청소년·청년 구성원들의 정신적인 지주였다. 목소리가 크고 품이 넓고 잘 웃는 유쾌한 인물. 2013년 9월에 퇴사했고, 현재 대안 학교 교사로 재직 중.

**홍아**  1993년생. 어릴 때 태권도와 육상을 배웠고 운동선수가 되려고 했다. 청소년기에 기타와 피아노를 독학하면서 음악의 세계에 뒤늦게 눈뜬 후 운동선수의 길을 가지 않고 2011년 연금술사프로젝트 교육생으로 지원, 장사와 요리의 세계로 들어섰다. 자유로운 영혼의 소유자이지만 불의를 참지 못하고 바른말을 하는 반항아, 소풍가는 고양이 제2의 실세. 소풍가는 고양이 창업자, 현재 주식을 소유한 청년 이사로 재직 중.

**쫑**  1995년생. 2011년 연금술사프로젝트 교육생으로 17세의 가장 어린 나이로 지원. 그때는 데스메탈 기타리스트가 꿈이었지만 지금은 서양 요리사를 꿈꾼다. 10대에는 머리를 허리까지 치렁치렁 길렀고, 20대에 들어서는 온몸에 문신을 새겨 주목받았다. 말이 거의 없고 행동이 굼뜨고 하기 싫은 건 절대 하지 않는 고집불통. 2016년 11월에 퇴사했으며, 현재 군 복무 중. 소풍가는 고양이 창업자, 주식을 소유한 청년 이사.

**매미**  1994년생. 소풍가는 고양이와 질긴 인연을 이어 가는 인물로 화려한 입사와 퇴사 경력을 자랑한다. 2013년 9월에 입사, 군 입대 목적으로 2014년 10월에 퇴사, 군 입대 시기가 늦춰져 2015년 5월에 재입사, 갑작스런 군 입대 통보를 받고 같은 해 11월에 퇴사, 짧은 군 생활을 마치고 2016년 11월에 재입사했다. 대화와 토론을 좋아하는 논리적이고 합리적인 성격. 현재 주식을 소유한 청년 이사로 재직 중.

**혁**  1997년생. 2013년 12월에 17세의 어린 나이로 소풍가는 고양이

에 입사. 쫑의 10대 시절을 빼닮은 인물. 말이 없고 움직임이 조용
하며 고집부리지 않고 유순한 성격. 10대 시절에는 앞머리를 길러
눈을 가리고 다니더니 스무 살이 되자마자 노란색으로 염색하고
피어싱을 하는 파격적인 변신으로 모두를 놀라게 했다. 현재 주식
을 소유한 청년 이사로 재직 중. 2017년 12월에 군 입대 예정.

~~~~~~~~~~~~~~~~~~~~~~~~~~~~~~~~~~~~~

**그 밖에** 차마, 푸푸, 아톰, 재연, 쩜, 푸첩, 홍키, 원주, 수연, 랑, 정희, 거품,
허밍, 써니, 팬더, 나무, 소얼이 예전에 일했거나 현재 일하고 있다.

 소풍가는 고양이에서는 위계질서와 차별을 없애
기 위해 나이와 상관없이 모두 별명을 부른다. 내
별명은 **'씩씩이'**다.

01

# 하지 않았다면
# 일어나지 않았을 일

인간은 목적지에 도착하기 위해서만
걷는 게 아니다.

－마스다 미리, 『주말엔 숲으로』 중에서

### 낯선 경험의 근원

청소년과 청년은 내 관심사가 아니었다. 나는 이른바 '큰 애들'을 만나면 어떤 대화를 어떻게 나눠야 할지 몰라 늘 쩔쩔매고 어색해했다. 그랬던 내가 몇 년째 청소년·청년들과 매일매일 시시한 잡담부터 진지한 주제까지 거침없이 이야기하며 함께 일하고 있다. 어쩌다 이런 일상을 보내게 됐을까?

"좋아하는 건 뭐예요?"

"공부 빼고."

"공부 빼고 어떤 거?"

"……."

"음악? 미술? 요리?"

"요리 싫어해요. 먹는 건 좋아하는데 만드는 건 싫어요."

대학에 안 가는 청소년·청년들의 대안적인 진로 교육 프로그램을 준비하던 2009년 12월, 그들의 의견을 직접 듣기 위해 고등학교 2학년생 홍아를 인터뷰했다. 첫 만남은 쉽지 않았다. 어색해하는 홍아와 짧은 단답형 대화가 이어졌다.

"고3 올라가니까 이젠 정신을 차려야 해요."

"왜요?"

"중학교 때는 아, 아직 안 해도 되겠구나 해서 놀았거든요. 고등학교 가면 정신 차리겠지 했는데 안 차려지더라고요. 뭐, 고등학교 가서 하면 되겠지, 고등학교 가면 공부하겠지, 자기가 알아서 하겠지 했죠. 근데 아니더라고요?"

홍아는 자기 이야기를 남 이야기 하듯 툭툭 내뱉곤 시크하게 웃었다. 우리는 30분 정도 이야기를 나누고 헤어졌다. 집에 돌아와 홍아의 특징을 이렇게 메모했다.

'큰 눈, 까무잡잡한 피부와 작은 얼굴, 중성적인 이미지, 친구들에게 인기 많을 듯. 육상 선수.'

반년 뒤 우리는 우연히 다시 만났다. 작은 공연에서 기타를 연주해 줄 청소년을 소개받았는데 바로 홍아였다. 공연이 끝난 후 우리는 처음 만났을 때처럼 어색하게 헤어졌다. 그리고 반년쯤 지난 2011년 1월에 또 만나게 됐다. 고등학교 졸업 후 대학에 진학하지 않은 홍아가 내가 담당하는 연금술사프로젝트에 지원한 것이다. 세 번씩이나 만나게 된 건 하늘의 뜻이 아니고 애초에 홍아를 소개해 준 은사님이 다리 역할을 했기 때문이다. 그리고 여기서 밝히지만, 홍아는 나와 만났던 걸 번번이 기억하지 못했다. 그 뒤로 지금까지 홍아는 나와 함께 일하고 있다. 먹는 건 좋아하는데 만드는 건 싫다던 바로 그 '요리'를 하면서.

또 한 사람, 17세의 쫑도 2011년 1월 연금술사프로젝트에서 만났다. 그는 허리까지 내려오는 긴 머리에 털모자를 꾹 눌러쓴 모습으로 면접 장소에 나타났다. 쫑은 하고 싶은 것을 찾기 위해 '교육 기관'을 벗어나 사회로 나왔다. 그는 하고 싶은 것을 하려면 돈이 필요하고, 무엇보다 공부하는 학생 신분이 아니라면 당연히 일을 하는 사회인 역할을 해야 한다고 생각했다.

그런데 바로 문제가 생겼다. 이력서가 너무 초라했던 것이다.

〜〜〜〜〜〜〜〜

N은 기타를 친다. 머리가 길다. N이 메탈을 접한 것은 초등학교 4학년 때. 초등학교를 졸업할 무렵에는 아예 기타리스트를 꿈꾸게 됐다. 하지만 중학교에 들어가면 포기할 게 많았다. 머리도 자르고, 공부하느라 기타를 칠 시간도 없을 게 분명했다. 결국 N은 부모님에게 탈학교 의사를 밝혔고, 아버지의 권유로 서당에 들어갔다.

하지만 서당에서도 기타 연습을 실컷 하지 못했다. 일단 훈장님이 음악에 대해 부정적이셨고, 서당 하루 일과가 너무 빡셌다. N은 의기소침해져 훈장님께 앞으로 무엇을 하며 살아야 할지 물었다. 훈장님은 기타리스트 해 봐야 돈 못 번다며 한의사를 하라고 권유하셨다. N은 처음엔 고민하다가 기타리스트는 나중에 돈 많이 벌고 나서 하면 될 거라고 생각했다. 그리고 한문 공부에 열중했다. 1년이 지났다. 변한 것이 하나도 없었다. N은 자신이 정말 하고 싶은 것이 무엇인지 찾기 시작했다.

N은 기타를 치기 위해 서당을 자퇴했다. 이미 서당에서 17세가되면 무조건 사회에 나가 돈을 벌어야 한다는 말을 수도 없이 들었기 때문에 서당을 나오자마자 알바 자리를 구하러 다녔다. 하지만 막상 사회에 나가 돈을 벌려니 두려웠다. 아니, 두려운 것은 둘째 치더라도 N의 이력서로 알바 자리를 구할 수 있을지조차의문이었다. 이력서가 매우 깔끔했기 때문이다. 돈을 벌어야 하는데 이력서가 이리도 깔끔하니 당황스러웠다.

| 사 진 | 이 력 서 | | |
| --- | --- | --- | --- |
| | 성   명 | N ㉑ | 주민등록번호 ****** |
| | 생년월일 | 1995 년  * 월  ** 일생 | |
| 주   소 | 경기도 용인시 *** | | |
| 호적관계 | 호주와의 관계 | – | 호주성명  – |
| 년  월  일 | 학 력 및 경 력 사 항 | | 발 령 청 |
| 2002 3 4 | ○○ 초등학교 입학 | | |
| 2004 1 1 | ○○ 초등학교 분교 전학 | | |
| 2007 2 13 | ○○ 초등학교 분교 졸업 | | |
| 2008 1 1 | ○○ 중학교 자퇴 | | |
| 2008 4 1 | ○○ 한문서당 입학 | | |
| 2010 12 1 | ○○ 한문서당 졸업 | | |
| | | | |
| | 이하 여백 | | |

— 쫑의 글 중에서

인문계 고등학교를 졸업했지만 대학에 진학하지 않은 홍아, 어린 나이에 사회로 나왔지만 일할 곳이 마땅치 않았던 쫑, 그리고 청소년과 청년을 대하는 것이 어색했던 내가 한자리에 모인 것은 '연금술사프로젝트' 때문이었다. 이 프로젝트는 하자센터[1]에서 아름다운재단의 후원을 받아, 대학에 가지 않은 청소년과 청년의 사회적 자립을 돕는 1년 과정의 진로 교육 프로그램을 두 번 진행하는 2년짜리 사업이었다. 이들을 만날 때 나는 이 사업을 담당한 총괄 매니저이자 담임이었고, 홍아와 쫑은 두 번째로 맞이하는 학생들이었다. 쫑은 당시를 이렇게 기억했다.

"면접 때 정말 소심했어요. 자기만의 세계에 빠진 대부분의 사람들이 그런 것처럼 말과 행동이 달랐거든요. 물론 면접 분위기도 한몫을 했는데, 미리 전화해서 어떤 것을 준비하면 될지 물어봤어요. 그런데 상호 면접이니까 편하게 오면 된다더군요. 조금 당황했죠. 면접을 마치고 집으로 돌아가는 길에 아무리 생각해도 이해가 안 되더라고요. 말이 스펙 없이 먹고살기지, 어찌 됐든 한 공동체 안에서 함께 일할 사람인데, 내가 어떤 사람인지 자세히 묻지도 따지지도 않았어요. 일을 시키고 월급을 주기 전에 해고하려는 속셈인지, 먹고살게끔 도와주니까 월급을 조금 주겠다는 속셈인지 도무지 알 수가 없었어요."

처음에 쫑은 연금술사프로젝트를 믿지 않았다. 쫑만 그랬던 건

---

[1] 서울시립청소년직업체험센터. 청소년과 다양한 세대를 연결하여 공공의 감각과 태도로 일을 풀어 가는 청소년 진로 허브.

아닐 게다. 교육을 받는 1년 동안 교육비와 점심 식사가 무료에다가, 다니는 동안 매달 50만 원씩 장학금을 따로 지원할 뿐 아니라 가게까지 창업하여 운영하게 해 준다니 뜬구름도 이런 뜬구름이 없었을 것이다. 학생들은 자기들이 왜 이런 도움과 혜택을 받는지 이해하지 못했다. 대학에 가지 않은 건 자신들의 선택이거나 피치 못할 경제적 형편 탓이기 때문에 '개인 사정'이지 '사회적 곤란함'이라고 생각하지 않았다. 그러니 자신들을 돕겠다고 나선 연금술사프로젝트에 의구심을 품을 수밖에 없었다.

그렇다면 자발적이든 비자발적이든 대학에 가지 않은 것, 어린 나이에 사회로 나와 일하는 것이 왜 '사회적 곤란함'일까? 이들의 생각과 달리 그것은 단순한 개인 사정이 아니어서 그렇다. 대학에 간 사람과 가지 않은 사람에게 찾아오는 기회와 결과는 공평하지도 않고 공정하지도 않다. 입시 위주의 교육, 학벌 중심의 계층 이동, 이로 인한 경제적 불평등이 점점 더 심각해지는 가운데 '저학력자'[2], '비대졸자'의 사회 진출 경로는 다양하지 않고 뻔하다. 뿐만 아니라 대부분의 저학력자·비대졸자는 고학력자·대졸자보다 좀 더 나은 미래를 만들어 갈 수 있는 기회를 얻기 힘들다.

그러다 보니 대학 진학은 적성에 따른 개인의 선택이 아닌 저항하기 어려운 사회적 요구가 됐으며, 부모의 재력과 사회적 지

---

2) 이들을 우리 사회는 보통 '고졸자' 또는 학업을 중단한 고졸 이하를 포괄하여 '저학력자'라고 일컫는다. 사람은 어떻게 불리느냐에 따라 정체성이 달라질 텐데, '학력'을 기준으로 삼으면 이렇다.

위에 따라 미래가 달라지기 때문에 지금의 청소년과 청년은 하늘의 '랜덤' 기술로 '우연히' 만나게 된 부모의 그늘에서 중세의 신분 제도만큼이나 뛰어넘기 어려운 삶을 살아가고 있는 셈이다. 이것은 사회적 불평등이며, 대학에 가지 않은 이들이 이런 불평등한 대우를 받아야 할 아무런 이유가 없기 때문에 개인이 스스로 해결해야 하는 곤란함이 아니라 사회가 앞장서서 해결해야 하는 '사회적 곤란함'인 것이다. 연금술사프로젝트는 이처럼 사회적·경제적으로 불리한 처지에 놓인 비대졸 청소년과 청년들이 충분한 기회를 얻지 못해 겪게 될 빈곤을 막아 보려는 진로 교육 사업이었다.

그러나 현실은 역시 만만치 않았고, 나는 첫해에 보기 좋게 헛발질을 했다.


### 헛발질, 헛발질, 헛발질……, 그리고

그도 그럴 것이, 이 프로젝트를 하기 전까지만 해도 나는 청소년이나 청년의 삶과 무관하게 살아왔다. 20대에는 중증 장애 어린이, 아줌마가 된 30대에는 아줌마와 여성에 집중하면서 장애 어린이 생활 시설, 어린이집, 공부방, 사회단체, 자유 기고가로 활동하는 잡지사 등에 적을 두고 일했다. 간간이 경력이 단절될 때는 집 근처에서 학원 강사 아르바이트를 했다. 그러다가 이들의 삶에 개입하게 된 계기는 무지함을 덜기 위해 늦은 나이에 여성학과 문화학 공부를 시작한 뒤 공부와 병행할 수 있는 일종의 밥벌이로 시작한 프로그램 덕분이었다.

중학생을 위한 학교 밖 프로그램이었는데, 막상 시작하고 보니 내가 상상했던 중학생들이 아니었고 내가 기억하는 학교가 아니었다. 똑똑한 아이들은 사교육을 받으며 점점 더 똑똑해졌고, 공부에 별 재미를 느끼지 못하는 아이들은 수업 시간에 잤다. 특히 문제아로 찍힌 아이들 50명의 명단이 교무실에 붙어 있었는데, 그 아이들은 프로그램을 시작하자 내가 뻔히 보고 있는데도 당당하게 교실 문을 벌컥 열고 나갔다. 아이들의 이런 모습을 보고 깜짝 놀랐다. 요즘 아이들이 다 이런 상태인가? 아이들은 그토록 학교가 싫은데도 왜 학교에 머무르는 걸까? 학교는 왜 싫을까? 학교 밖에 이들을 위한 보호망은 없는 걸까? 아이들 이름은 왜 교무실에 붙어 있을까? 의문이 생겼다.

사실 장애 어린이, 아줌마(나의 또 다른 이름), 청소년과 청년이라는 말은 우리 사회가 그들에게 붙인 '이름'이다. 그런데 이 이름은 명예롭지 않다는 공통점을 안고 있어서 이 이름으로 불리는 사람들은 우리 사회에서 행복하지 않은 존재였다. 특히 청소년과 청년이라는 이름의 무게는 옛날과 완전히 달라져 있었다. 이유를 좀 더 정확히 알고 싶었다. 이런 궁금증이 청소년과 청년에 대한 나의 무관심을 관심으로 바꿨고, 연금술사프로젝트를 진행하게 만든 이유가 됐다. 그러나 관심은 열정을 불러일으킬 수는 있어도 실질적으로 문제를 해결하는 실력이 되지는 못했다.

　나의 첫 번째 학생들은 대학에 가지 않은 18세부터 24세까지 청소년과 청년 13명이었다. 3분의 2는 20세가 되어 생활 시설[3]을 나와 독립을 앞둔 청소년과 청년이었고, 나머지 3분의 1은 대안 학교 졸업생과 학교 밖 청소년이었다. 학생들은 오전에는 하자센터의 교실에 모여 담임들과 함께 인문 사회 분야를 공부하고, 오후에는 공연 예술자, 여행 기획자, 에코 디자이너 등 문화 예술 분야의 사회적 기업으로 흩어져 이들을 돌보고 훈련하는 전담 코치에게 직업 교육을 받았다. 회사의 인재를 회사가 직접 양성하는 식이어서 직업 교육이 끝나면 취업이 보장됐다.

　그때는 담임과 전담 코치를 두고 문화 예술 분야 사회적 기업을 청소년·청년 진로로 연결한 점, 진로 교육과 일터를 연결한 점이 파격적인 실험과 도전으로 느껴졌다. 담임과 코치들은 학생들이 사회 진출이라는 절실한 삶의 조건이 걸려 있는 만큼 남다른 마음가짐과 태도로 웬만한 장벽은 스스로 뛰어넘고 견딜 거라고 기대했다. 그래서 취업이 보장된 일터와 학생을 존중하는 문화, 최상의 교육을 제공하면 아주 열심히 배울 줄 알았다.

　그러나 막상 프로그램을 시작해 보니 학생들은 우리의 예상을

---

3) 장단기 쉼터, 보육원, 직업 훈련원, 자립관 등을 가리킨다. 아동복지법상의 양육 시설, 일시 보호 시설, 보호 치료 시설, 자립 지원 시설, 공동생활 가정, 종합 시설과 청소년복지지원법상의 단기 청소년 쉼터, 중장기 청소년 쉼터, 청소년 재활 치료 센터 등이 있다.

완전히 뒤엎었다. 나는 나타나지 않는 학생들에게 전화하느라 매일 아침 전화기를 붙들고 살았다. 대다수 학생들은 일상적으로 지각을 하다가 갑자기 연락을 뚝 끊고 잠수를 탔다. 대체 어디에 있는지, 왜 나타나지 않는지 알 길이 없었다. 하루이틀 후에 겨우 연락이 닿아 설득하고 달래서 다시 나오게 해도 얼마 안 되어 잠수 타고, 지각하고, 다시 잠수 타는 상황이 반복됐다. 계획했던 학습은 자꾸 뒤로 밀렸고 앞으로 한 발짝도 나갈 수 없었다.

발만 동동거리며 난감해하면서 몇 달을 보냈는데 급기야 그만두는 학생이 생겨났다. 그는 가장 빠르게 사회적 기업에 적응하고 가장 빨리 정식 직원으로 입사해서 큰 기대를 한 몸에 받았던 우리의 기대주였다. 그런 그가 '돈' 때문에 중단하겠다고 했다. 더 많은 돈을 벌기 위해 공장에 취업한다는 것이다. 담임과 담당 코치는 그만두지 말라고 열심히 설득했지만 그는 결국 떠났다. 그의 결정은 뜻밖이었고 큰 충격이었다. 적성에 맞는 일을 찾는 게 아니라 돈을 얼마나 벌 수 있을지를 먼저 생각한다는 것을 선뜻 이해할 수 없었다. 오늘 당장 손에 쥐는 돈만 좇을 뿐 다가올 미래를 대비하지 않는 것처럼 보여 실망감과 안타까움이 밀려왔다.

그러나 이것은 시작에 불과했다. 시간이 흐를수록 "제 길이 아닌 것 같아요. 그만둘래요."라며 찾아오는 학생이 늘어나는 것이 아닌가!

"패션에 관심이 많아서 에코 디자이너 과정을 선택했는데 막상 해 보니까 현실을 알겠어요. 회사에서 일하는 분들이 모두 4년제 대학에서 디자인을 전공했고, 회사 경력도 3~4년 정도 되는 분들이더라고요. 그 정도가 되어야 디자이너가 될 수 있는데, 그럼 저는 지금부터 시작하니까 앞으로 7~8년 걸린다는 거잖아요. 대학을 안 나와서 디자이너가 될지 장담할 수 없고 월급도 적을 텐데, 그동안 어떻게 먹고살고 또 어느 세월에 독립해요?"

이번에도 '돈'이 걸림돌이었다. 학생들은 끈기가 없고 돈만 밝히는 철없는 존재인 걸까? 학생들이 겪고 있는 사회적 곤란함을 해결하려고 시작한 프로젝트였는데 도대체 무엇을 해결하고 있는 걸까? 나는 무엇을 잘못하고 있는 걸까?

조급해진 나는 한 명의 학생이라도 놓치지 않으려고 그들이 원하는 게 무엇인지 묻고 또 물었으며, 지푸라기라도 잡는 심정으로 그것이 무엇이든 현실화하기 위해 이리저리 뛰어다녔다. 농사짓는 청년 공동체와 연결해 농촌을 경험하게 하거나, 장사 프로젝트를 해서 직접 돈을 벌어 보게 하거나, 심지어 학생들을 끌고 서해안에 내려가 게스트하우스를 하며 같이 살 계획까지 세웠다. 뒤돌아보면 그때 내가 정신없이 뛰어다닌 이유가 학생들을 위해서 그랬던 건지, 연금술사프로젝트 실적이 저조해서 그랬던 건지, 내가 서투르다는 사실을 감추기 위해서 그랬던 건지 잘 모르겠다. 아마 모든 게 뒤엉켜 있었을 것이다.

하지만 애쓴 보람도 없이 학생들은 하나둘씩 떠났고, 1년 과정을 마친 결과는 참담했다. 13명 입학, 4명 수료(이 중 2명 취업). '이러저러한 처지에 놓인 학생들에게는 이런 교육이 필요하다.'고

구상하는 것과 그 내용을 현실에서 구현해 내는 것은 완전히 달랐다. 나야말로 이 길이 내 길이 아닌 것 같아 그만둘 생각도 여러 번했지만 내가 무얼 잘못했는지 제대로 알고 바로잡고 싶은 마음이 더 컸다.

어느 날 나는 수료생들을 붙잡고 진지하게 이야기를 나누었다. 그만두지 않고 끝까지 해낸 학생들에게서 실마리를 찾고 싶었다.

"연금술사프로젝트에 후배들이 들어올 텐데 이들이 잘 적응하려면 어떻게 해야 할지 고민이야. 너희 생각은 어때?"

"뭐가 되고 싶냐고 묻지 않았으면 좋겠어요. 되고 싶은 건 없고 돈을 벌고 싶어요. 사회적 기업에서 직업 교육을 받을 때 내가 정말 밥벌이를 할 수 있을까, 그럴 자격은 언제 갖추게 될까 무척 고민되고 걱정이었어요. 아득하게만 느껴졌거든요."

"저는 연금술사에 오는 게 좋았어요. 학교를 다니지 않게 되면서 규칙적인 생활을 하기가 힘들었는데, 아침에 눈뜨면 가고 해지면 집에 오는 생활을 꾸준히 하니까 뭔가 하고 있다는 생각이 들었어요."

"제가 어디 소속인지 헷갈렸어요. 연금술사프로젝트인지, 직업 교육을 받는 사회적 기업인지. 그리고 학생들이 서로 다른 곳에서 직업 교육을 받으니까 공통 화제가 점점 없어져서 나중엔 같이 나눌 이야기가 없었어요. 그러다 보니까 다른 아이들은 잘하고 있는데 나만 뒤처지는 것 같아서 고민이 생겨도 혼자 끙끙 앓았던 것 같아요."

수료생들은 자기들이 생각했던 걸 하나둘 털어놓았다. 그런데 처음 듣는 이야기가 아니었다.

"예전에도 너희가 했던 말인데 오늘은 다르게 들리네. 그때는 힘들다, 괴롭다면서 하루가 멀다 하고 찾아오니까 하기 싫어서 핑계를 대는 줄 알았지."

"그동안 우리가 얼마나 답답했는지 아세요? 우리를 몰라도 너무 모르는 데다가 우리 얘기를 알아듣지도 못해서."

그들은 이제야 말이 통한다며 깔깔깔 웃었다.

## 예측할 수 없는 결말

이들에게 한 수 배운 8년 전 이날을 나는 지금까지 잊은 적이 없다. 보이지 않고 들리지 않았던 눈과 귀가 비로소 열린 날이었기 때문이다. 이들은 끈기가 없고 돈만 밝히는 철없는 존재가 아니라 그럴 수밖에 없는 이유가 따로 있었다. 나는 스무 살의 어린 나이에 혼자 힘으로 생계를 해결해야 하는 막막함, 전망 없는 미래, 밥벌이가 수단이 아니라 목적이 된다는 것이 어떤 건지 알지 못했다. 내가 안다고 생각했던 건 이들 앞에 놓인 사회적 불평등이었지, 이들이 겪고 있는 현실의 무게감과 압박감은 아니었다. 나는 섣불리 '안다'고 착각했고, 이게 나의 가장 큰 오류였다.

내 생각과 달리 이들이 원한 건 '미래의 꿈'이 아니라 오늘을 살아가는 '생활'이었다. 아침에 일어나 소속된 일터로 향하고 다시 집으로 돌아오는, 자기가 번 돈으로 일상을 지속하는, 언제 사라질까 걱정하지 않아도 되는, 날마다 반복되는 '평범하고 안전한 일상' 말이다. 그러려면 일을 체험하고 배우는 인턴십 같은 '가짜 일'이 아니라 자신의 생계를 스스로 유지하는 '진짜 일'이 필요했다. 그것도 먼 훗날이 아니라 지금 당장 말이다. 뾰족한 기술도, 경험도 없고 학력마저 낮은 이들이 당장 돈을 벌 수 있는 일터는 긴 시간을 일하는 단순노동 일자리밖에 없었지만 그래도 괜찮았다. 언젠가 다가올 미래에 대한 기대보다 현재를 살아가는 것에 대한 걱정과 불안이 더 큰 탓이었다. 비대졸 청소년과 청년들이 사회에서 충분한 기회를 얻고 삶의 방향을 정하려면 배워야 하고, 배움에는 미래를 위해 현재를 유예할 필요성과 동기가 필요한데 학생들은 지금 살아남는 길 외에 다른 상상은 하지 못했다.

그래서 미래를 위해 현재를 견디고 극복하고 헌신하길 기대하는 기존의 저축형 교육 방식으로는 가르칠 수 없었던 게 아닐까? 이것이 학생들이 연금술사프로젝트를 떠난 진짜 이유가 아닐까? 이들이 '오늘'을 허투루 보내지 않게 하려면 어떻게 해야 할까? 결국 닭과 달걀 중 어느 것이 먼저냐에 해당하는 문제이니, 실력을 갖춘 다음에 일할 기회를 얻는 게 아니라 일부터 시작하고 나중에 실력을 갖추는 방법과 형태를 고민하면 되지 않을까? 하지만 이런 일터가 있긴 할까?

연금술사프로젝트는 궁리 끝에 그런 가게를 학생들과 함께 창업하기로 했다. 그것도 한 곳이 아니라 두 곳을. 나는 다음 해에 비장한 각오로 두 번째 학생들을 맞았다. 총 14명이 창업 과정에 진입했는데 이 글 앞머리에 등장한 홍아와 쫑도 그들 중 일부였다. 결론부터 말하면, 두 번째 학생들도 창업 교육을 마치기 전에 대부분 떠났고 3명만이 수료했다. 내가 담임을 맡진 않았지만 세 번째 학생들의 창업 교육도 사정은 비슷했다. 그리고 연금술사프로젝트는 계획대로 두 군데의 가게를 창업했는데 흔히 말하는 '창업 성공 신화'를 쓰진 못했다. 심지어 한 곳은 창업 2년 만에 폐업했다. 미련을 버리지 못한 나는 몇 년이 흐른 뒤 네 번째 학생들을 맞았고, 그제야 11명이 입학해서 9명이 수료하는 새로운 기록을 남겼다. 창업은 아니고 처음에 했던 인턴십 중심의 진로 교육이었다.

네 번의 교육 과정을 시도한 끝에 비대졸 청소년과 청년들에게 필요한 진로 교육으로 구상한 내용을 현실에서 구현할 수 있었다. 네 번째 학생들이 끝까지 배움을 이어 갈 수 있었던 데는 몇 번의 좌절을 겪으며 교육 내용이 진화하고 정교해진 측면도 한몫했다. 그렇지만 나는 무엇보다도 그 과정에서 대학에 가지 않고 아무 기술도 없이 사회로 나와 제 밥벌이를 하며 삶을 키워 가는 사람들이 존재한다는 것을 깨닫고, 또 그것이 가능한 일터가 제대로 눈에 보이고 실제로 손에 잡힌 덕분이라고 생각한다.

두 번째 학생들과 창업한 작은 가게 '소풍가는 고양이'와 여기에서 일하는 청소년·청년들이 같은 처지의 또래에게 영향을 끼치고 기여한 건 거창한 게 아니었다. 일터와 구성원 모두 건강하게 살아남았고 지금도 살아가고 있다는 사실, 그것뿐이지만 어느덧 나는 비대졸 청소년과 청년이 겪는 사회적 곤란함에 대한 해결책은 건강하게 살아가는 것, 그 이상도 그 이하도 아니라고 생각하게 됐다.

소풍가는 고양이는 직업 교육 현장으로 시작했다가 나를 포함한 담임 2명과 수료생 3명이 의기투합하여 어엿한 회사로 독립한 특이한 이력이 있는 곳이다. 무모하게 일부터 시작하고 점차 실력을 갖추어 나갔는데, 그야말로 미래를 위해 오늘을 저축하는 기존의 교육 방식에서 벗어나 오늘을 충실히 살면서 미래를 차곡차곡 쌓아 올린 사례가 된 셈이다.

소풍가는 고양이는 두 번째 학생들과 함께 3개월의 창업 준비 기간을 거쳐 2011년 5월 31일에 문을 활짝 열고, 초대한 손님들의 축하와 응원 속에 본격적으로 장사를 시작한 도시락 배달 가게다. 우리는 지구 환경에 해가 되지 않도록 일회용 플라스틱 용기가 아니라 두고두고 쓸 수 있는 알록달록 예쁜 찬합에 담은 도시락을 배달하는데 이 찬합 도시락에서 연상되는 '소풍'과, '고양이'처럼 시크하고 혼자 있는 걸 좋아하는 청소년과 청년의 이미지를 결합해 가게 이름을 지었다.

소풍가는 고양이는 마포구 성산동 성미산 마을의 8평짜리 작은 가게에서 시작했다. 성미산 마을은 아이를 이웃과 함께 키우려는 부모들이 삼삼오오 모여 공동육아 어린이집을 만들고 운영하면서 서서히 공동체를 형성해 마을로 발전한 곳이다. 도심의 아파트 단지에선 느낄 수 없는 이웃 간의 정이 살아 있는 동네라서 우리 가게를 창업하기에 가장 적합했다. 도시락 요리 수업과 장사 노하우를 알려 준 선생님의 반찬 가게가 이곳에 있다는 것도 중요했다. 그러나 도심 한가운데에 자리 잡은 크고 멋진 가게를 상상했는데 한적한 동네의 손바닥만 한 가게에서 도시락 파는 일이 시시했는지 학생들은 계속 떠났다. 나의 헛발질은 줄어들 기미가 보이지 않았다.

## 또 다른 모험의 시작

남은 학생들과 우여곡절 끝에 가게 문을 열어 장사를 시작했다. 하지만 경험과 실력이 없으니 당연히 잘될 리가 없었다. 포기하는 학생도 늘었다. 할 수 있는 온갖 방법을 동원해서 아슬아슬하게 장사를 이어 가고 있을 무렵, 단미가 내게 물었다.

"우리는 지금 노동을 하는 건가요, 아니면 교육을 받는 건가요?"

가게의 흥망성쇠가 우리 손에 달려 있으니 어느새 노동과 교육의 경계는 무너졌고, 담임과 학생의 관계도 달라졌던 것이다. 이 질문 하나가 새로운 전환점을 맞이하게 했다. 학생들은 가게가 어려워지는 상황을 고민하고 있었다. 노동을 하는 것이라면 창업자로서 월급을 못 받아도 가게를 살리는 일에 앞장서야 하지만, 교육을 받는 것이라면 수료하고 떠나면 되니까 책임지고 감수할 일이 없다는 점을 잘 알고 있었다.

"당장은 월급이 보장되지 않지만 우리가 운영하기에 따라 월급이 보장되게 만들 수 있고 매출 변화에 따른 월급 상승도 가능하잖아요. 아르바이트와 소풍가는 고양이를 비교해 보면 공통점은 불안정하다는 점일 거예요. 그런데 아르바이트는 불안정한 상황을 나아지게 할 수가 없어요. 알바생에게는 아무 권한이 없으니까요. 하지만 소풍가는 고양이는 불안정한 상황을 직접 고민하며 나아지게 할 수 있어요. 그리고 아르바이트는 주어진 일만 하기 때문에 일을 하며 성장할 수 없지만 소풍가는 고양이는 창업이고 직접 운영해 나가기 때문에 일을 하며 성장해요. 직접 운영하면 책임감도 길러질 거라고 생각해요. 물론 제가 앞으로 자립하는 데 밑거름이 되겠죠. 그래서 아르바이트와 소풍가는 고양이는 다른 형태의 일자리라고 생각해요. 가게가 운영되는 걸 가만히 보고만 있을 때와 직접 참여하며 얻는 경험은 정말 많이 달라요."

이번엔 쫑이 말했다. 학생이라곤 어느덧 쫑, 홍아, 단미, 이렇게 3명밖에 안 남았지만 이들의 변화가 눈에 확 들어왔다. 이들은 내가 만난 학생들 중에 특출하거나 근성이 탁월했던 것도 아닌데 자기들이 만든 가게를 위해 현재를 견디고 극복하고 헌신하고 있었다. 게다가 이들은 가게를 책임지는 모험을 떠날 마음의 준비를 거의 마친 상태였다.

나는 학생들의 변화를 하자센터에 알려 이후의 일을 의논했다. 그리고 하자센터 소속이었던 소풍가는 고양이를 창업자들의 회사로 독립시키는 방안을 모색해 나갔다. 책임감을 느낀 담임들도 깊은 고민에 빠졌다. 장사는 어른의 세계였다. 그래서 어른과 호흡을 맞추지 않으면 살아남기 어려웠다. 한참을 고민하고 의논한 끝에 담임들(차차와 나)과 학생들(단미, 홍아, 쫑) 모두 무엇이 그런 용기를 내게 만들었는지 모르지만, 우리는 독립하기로 결정했다.

수료식을 하게 된 것은 내 일생일대의 가장 큰 사건이다. 나는 참 끈기가 없기 때문이다. 나는 창업 과정을 1년 동안 했다. 창업

직전에 장사 프로젝트를 시작했다. 그때 제일 그만두고 싶었다. 왜냐하면 나는 장사꾼 체질이 아니라서 장사가 두려웠고, 두려워서 재미도 없었기 때문이다. 무엇보다 사람들 앞에 나서서 사달라고 말하는 게 부끄러웠다. 하지만 아무 문제 없이, 불평불만 없이 열심히 했다. 그런데 점점 두려워졌다. 내 성격은 서비스업과는 정반대였기 때문이다. 청년 활력이 주 포인트인데 난 활력이 없었다. 배달 담당인 나는 손님에게 인사도 하지 않고 도시락만 드리고 올 게 분명했다. 참 걱정됐다. 가게는 모든 준비가 끝났다. 이제 우리가 준비할 차례였다. 그런데 난 아직 아니었다. 웃는 연습도 해야 되고 인사하는 것도 연습해야 되는데……, 오글거렸다.

차라리 손님을 맞이하는 것보다 배달하는 게 낫다고 생각해서 배달을 선택했지만 예상과 달랐다. 나는 배달도 아니었다. 길눈이 너무 어두웠기 때문이다. 창업하자마자 처음으로 용기를 내서 근처 협력 업체를 찾아갔다. 근데 2시간 정도 헤맸다. 진짜 거짓말 안 하고 자전거 타고 다니면서 속상해서 울었다. 지나가는 사람에게 물어보면 아무도, 그 누구도 들어 본 적이 없다고 했다. 그렇게 계속 헤매다가 '소풍가는 고양이'로 돌아왔다. 그때가 여름이라서 얼굴도 엄청 새빨개졌고, 울었던 흔적도 남아 있었다. 근데 난 아무렇지도 않은 척 돌아왔다. 내 얼굴이 그런 줄도 모르고 당당하게 들어갔다. 내가 너무 안쓰러워 보였는지 씩씩이가 바로 앉아서 쉬라고 하고 물도 따라 주었다. 내가 길을 잃었다는 걸 사람들이 다 알고 있었다. 창피했다. 다들 괜찮다고, 잘했다고 격려해 줘서 너무나 다행이었다.

그렇게 시간이 흘렀다. 나는 아직도 '소풍가는 고양이'에 몸담고 열심히 하고 있다. 아직도 배달을 하고 있고, 재미있게 지내고 있다. 변한 게 있다면, 이제 인사를 잘한다. 마을에서 자전거 타고 지나다니면서 인사도 하고, 친한 사람을 만나면 얘기도 나눈다. 친한 사람도 많아졌다. 토마토편의점 아줌마와 아저씨, 컴퓨터 가게 아저씨, 비누 두레의 바람, 성산빌 401호 식구들, 국수 가게 아줌마, 카페 노란코끼리 직원들, 칼국숫집 사장님, 기사식당 아저씨, 성미산학교 선생님과 아이들, 동네부엌의 대장금과 작은언니 등등 엄청 많아졌다. 그래서 이 동네가 좋다.

— 홍아의 수료식 글 〈2011년 사건 사고!〉 중에서

나는 홍아의 글을 읽고 소풍가는 고양이가 학생들에게 그토록 필요했던 '일상'이라는 것을 다시 한 번 확인했다. 그렇기에 수료식은 '마침'이 아니고 새로운 모험을 떠나는 '시작'이었다. 차차와 나는 하자센터에 사직서를 제출했고, 수료생들과 함께 출자했다. 그리고 우리는 2012년 2월에 주식회사를 설립하고 주식을 보유한 주주이면서 회사를 운영하는 이사가 됐다. 창업한 지 9개월 뒤의 일이었다. 장사꾼 체질이 아니라던 홍아, 이력서가 깔끔해서 일자리를 구할 수 있을지 고민이라던 쫑, 메이크업 아티스트를 꿈

꾸던 단미, 높디높은 청년 실업률을 뚫고 안정된 직장을 다닌 지 몇 년 안 된 차차, 그리고 헛발질만 해 대던 나는 단 한 번도 상상한 적 없던 도시락 가게를 운영하는 회사의 주인이 되었다. 겨우 8평짜리 작은 가게가 5명의 삶의 방향을 바꾸고 말았다.

아주 가끔 음식 장사를 하는 지금의 내가 낯설게 느껴질 때마다 스스로에게 묻곤 한다. 내가 연금술사프로젝트를 하게 된 건 우연일까, 필연일까? 없는 길을 만드느라 이토록 시행착오를 많이 겪은 걸까, 아니면 꾸역꾸역 해낸 걸까? 단기간에 수행해야 하는 과업이 아니고 삶이 되어 버린 주식회사 설립 결정은 충동적이었던 걸까, 이성적이었던 걸까? 아무리 질문을 던져도 답 없는 메아리일 뿐이다. 아마 나는 아직까지 답을 찾지 못한 모양이다.

연금술사프로젝트는 공식적으로 세 번째 학생들이 창업한 가게를 폐업한 2013년에 끝났다. 이 프로젝트가 남긴 것은 주식회사 연금술사라는 작은 회사와 이 회사가 운영하는 소풍가는 고양이가 되었다. 그러나 네 차례의 교육 과정을 거쳐 간 50여 명의 청소년과 청년, 그리고 수많은 어른들이 고심한 흔적은 우리의 시간 속에 고스란히 새겨져 흘러가고 있다.

# 그 많던 비대졸자는
# 모두 어디로 갔을까?

도대체 여기서 무슨 일이 일어나고 있는지
물어야 할 때가 되었습니다.
인류 역사상 전례가 없는 뛰어난 기술력으로
성공의 정점에 서 있는 지금,
인류는 오직 살아남을 수 있느냐는 문제만
걱정하게 되었습니다.

— E. F. 슈마허, 『굿 워크』 중에서

## '진로'라는 이름의 무거운 돌덩이

"소영이[1]가 학교를 마칠 수 있게 타일러서 돌려보내 주세요. 학생이 학교를 다녀야죠. 문제아도 아닌데 자퇴가 웬 말인가요?"

한 번도 본 적 없고 알지도 못하는 소영 어머니의 느닷없는 전화에 나는 무척 당황했다. 소영은 인턴십 프로그램에 지원한 학생이었는데 면접을 봤는지 보지 않았는지 찬찬히 떠올릴 틈조차 없었다. 어머니의 무례함에 기분은 나빴지만 그렇다고 화를 낼 수도 없는 노릇이었다.

"어머니, 문제아가 아니어도 학교를 그만둘 수 있답니다. 저희

---

1) 2장에 등장하는 청소년과 청년은 소풍가는 고양이의 구성원이 아니다. 그래서 모두 가명을 썼다.

회사에도 그런 구성원들이 많고 또 잘 지내고 있어요. 공부에 뜻이 없다면 억지로 몰아세우지 말고 다른 걸 찾아볼 수 있도록 시간을 주시면 어떨까요? 나중에 검정고시를 볼 수도 있고, 대안 학교에 입학하는 길도 있어요."

마음이 조금 누그러졌는지 소영 어머니는 전혀 낯선 사람인 내게 아이 걱정과 곡절 많은 가정사를 한 보따리 풀어놓았다. 나는 어쩔 수 없이 여전히 기억이 가물가물한 소영의 진로를 한참 동안 상담했다. 소영은 일반계 고등학교 2학년에 올라가자마자 학교 다니는 것을 '중단'하겠다고 선언했다. 그의 고민을 잘 알고 있는 1학년 때 담임은 자퇴보다 휴학할 것을 권했고 소영은 받아들였다. 그러나 소영 어머니가 반대했다. 소영이 대학에 가길 바라는 어머니에게 휴학과 자퇴는 말도 안 되는 일이었다. 그러잖아도 소영이 공부에 흥미를 잃었는데 학교를 안 다니면 더 멀어질까 염려됐고, 무엇보다 휴학과 자퇴는 문제 학생이 학교에서 말썽을 부려 벌 받을 때나 벌어지는 일이라고 생각했다.

담임은 어머니를 설득하면서 학교생활과 병행할 수 있는 인턴십 프로그램을 추천했다. 그곳이 소풍가는 고양이였고, 이런 연유로 나는 소영 어머니의 전화를 받았던 것이다. 나중에 담임에게 전해 듣기로 소영은 어머니와 심하게 다툰 끝에 딱 한 학기 동안 휴학하는 걸 허락받았고 대신 인턴십은 하지 않기로 했다. 그러나 소영이 근본적으로 고민했던 문제는 해결되지 않았기에 그의 싸움은 이제부터 시작이다.

소풍가는 고양이에서 취업이든 인턴십이든 대학 진학이 아닌 다른 경험을 해 보고 싶어 하는 청소년과 청년은 꽤 있는데 소영처럼 시도조차 해 보지 못한 경우가 종종 있다. 그때마다 그들을 막아 세운 건 '보호자'였다. 당사자와 보호자가 대립각을 세우는 이유는 '대학 진학' 때문이었고, 승리는 늘 보호자에게로 돌아갔다. 진로에 대한 결정권은 당사자의 몫이 아니었다.

보육원에서 생활하는 특성화 고등학교 3학년 현준도 그랬다. 그는 전공 과목을 따라가지 못했다. 현장 실습을 앞두고 음식 만드는 걸 좋아하는 적성을 살려 보라고 조언한 담임의 뜻에 따라 인턴십 프로그램에 지원했다. 그러나 현준은 참여하지 못했다.

"보육원에서 반대했어요. 현준이를 후원하는 분이 있는데 대학에 가야만 후원이 이어지나 봐요. 시설 청소년이고 특성화 고등학교를 졸업해서 대학에 입학할 때 유리할 테지만, 시간만 늦출 뿐 지금과 달라질 게 별로 없는데 걱정이에요."

담임의 설명을 듣고서야 나는 특성화 고등학교 졸업생 중 절반쯤이 대학 입시를 준비한다는 걸 알았다. 자원이 없는 이들에게 특성화 고등학교 졸업장과 시설 청소년이라는 조건은 일종의 스펙이 되는 모양이었다. 실제로 보육원에서 생활하는 청소년들은 고등학교를 졸업하면 시설을 나와 독립해야 한다. 퇴소할 때 자립 정착금을 받지만 그 돈으로는 서울에서 월세방 보증금도 해결하기 어렵다.

이들이 독립하는 시기를 늦출 수 있는 방법 중 하나가 대학 진학이다. 대부분 4년제 지방 대학이나 전문 대학에 진학하는데 특별 전형으로 들어가기가 쉬웠다. 재수를 하면 퇴소해야 하기 때문에 떨어지지 않으려고 안정권으로 지원한다. 일단 대학에 입학하면 졸업할 때까지 퇴소 시기가 늦춰져서 등록금과 생활비 등의 지원을 받는다. 퇴소하지 않을 방안으로 대학 입학을 활용하는 건 어린 나이에 혼자 힘으로 독립하라는, 누구도 해내지 못할 제도 때문에 생겨난 폐해일 것이다.

승재는 일반 고등학교에 다녔지만 대학에 뜻이 없었다.[2] 그는 3학년 때 취업반에 들어갔고, 취업 준비를 위해 골프 업체로 현장 실습을 나갔다. 골프 업체의 특성상 회사가 도시 외곽에 위치했기 때문에 기숙사 생활을 했다. 승재에게 주어진 업무는 매점 관리였다. 말이 매점 관리지, 직접 조리하는 간단한 음식도 판매하기 때문에 주문부터 조리, 설거지, 물품 관리, 판매까지 모든 일을 혼자처리해야 했고 하루 10~12시간 정도 일했다. 눈뜨면 매점으로 가고, 밤이 되면 기숙사에서 쓰러져 자는 게 일상이었다. 자신이 꿈꾸던 직장 생활과는 거리가 멀었다. 점점 일에 대한 불만과 짜증이 늘었다. 무엇보다 너무 고됐다. 한달쯤 견디다가 결국 담임에게 사정을 설명하고 못 다니겠다고 하소연했다. 그런데 돌아온 답은 "견뎌 달라."는 부탁이었다. 어렵사리 교육생을 받아 준 회사인데 이렇게 금세 그만두면 앞으로 교육생을 받아 주지 않을 거라

---

2) 승재 이야기는 나임윤경·김고연주·태희원·로리주희·박진숙·이유진·최시현이 함께 쓴 『엄마도 아프다』(이후, 2016)에 실린 내용이다.

는 게 이유였다. 그는 한 달을 더 버티다가 그만두고 학교로 돌아갔다.

학교가 연결해 준 두 번째 일터는 장례용품점이었다. 근무 조건이 골프 업체보다 훨씬 좋았다. 임금이 높았고, 근무 시간이 짧았으며, 출퇴근이 가능했다. 그런데 여기도 오래 다니지 못했다. 나는 업종 탓이 아니었을까 추측했지만 예상 밖의 대답이 나왔다. 자기가 해야 할 업무를 아무도 가르쳐 주지 않았다는 것이다. 사장님 얼굴은 보기 어렵고, 인수인계도 받지 못한 채 출근 첫날부터 전임자를 대신해 바로 업무를 처리해야 했다. 어찌어찌 알아내서 열심히 했지만 일이 어떻게 돌아가는지 파악하지 못했고, 혼자힘으로 그걸 알아 가는 게 너무 버거웠다. 그러는 동안 학교를 졸업했다. 담임에게는 미안해서 취업 이야기를 꺼내지도 못한 채.

'희망 직업'은 없었지만 대학에 가지 않아도 어디서든 성실하게 일하면 된다고 생각했던 승재가 소풍가는 고양이를 찾아왔다. 그러나 그는 이미 흔들리고 있었다.

"부모님과 주변 어른들이 그럴 줄 알았다, 일하는 게 얼마나 힘든 줄 아느냐, 그냥 남들처럼 대학에 가라는 말을 쏟아 낼 때마다 대학을 가야 하는 건지 고민돼요."

그는 자신의 소신 있는 결정이 대학에 가야 할 분명한 구실만 제공한 꼴이 되었다며 무능력한 자신을 탓했고, 소풍가는 고양이는 잘 다닐 수 있을지 솔직히 걱정된다고 털어놓았다. 두 번의 노동 경험으로 체념 상태에 빠진 그에게 제대로 된 노동도, 교육도 없는 경험은 무의미한 시간 낭비라는 걸 아무도 이야기해 주지 않은 결과였다. 면접 내내 어두웠던 승재는 얼마 후 부모님의 뜻을 따르기로 했다는 소식을 전해 왔다. 취업도, 대학 입시도 그에게는 시급한 것이 아닌 것 같아 안타까웠다. 어른들 생각과 달리 대학을 안 가려는 승재에겐 아무 문제도 없는데 말이다.

최근 서울 구의역 스크린 도어 사건, 콜 센터 현장 실습생 자살 사건 등 임금 체불과 살인적인 노동으로 안타까운 죽음이 이어지고 있는 고등학생들의 현장 실습을 가리켜 '싸구려 노동 시장'이라는 고발이 끊이지 않고 있다. 어느 특성화 고등학교 교사는 언론 매체를 통해 "현장 실습은 수업 시간에 공식적으로 돈벌이를 할 수 있게 하고, 기업은 단순 업무를 낮은 임금으로 손쉽게 해결하고, 학교는 교육이라는 명목으로 아이들을 학교 밖으로 몰아내고 있다."고 토로했다.[3]

이렇듯 희망 직업이 뚜렷한 것도 공부를 아주 잘하는 것도 가정 형편이 매우 좋은 것도 아닌, 그래서 어중간하고 어정쩡한 청소년에게 자신의 적성을 발견하거나 하고 싶은 일을 고민하고 경험을 쌓는 것은 사치였다. 학교는 이들의 호기심을 자극하고 부족한 점을 채워 주는 배움의 장소가 아니었으며, 일터는 이들을 다루기 쉬운 값싼 노동력으로만 보았다. 보호자는 남들과 다른 선택은

3) 김경엽, 「스승의 날이 부끄러운 특성화고 교사입니다」, 프레시안, 2017. 5. 16.

용기 있는 '도전'이 아니라 실패가 뻔한 '무모함'이라 여겼고, 진로 또는 인생의 방향을 자유롭게 선택할 자유는 당사자들에게 허락되지 않았다. '학벌·학력 중심 사회'라는 말조차 벌써 오래전에 다소 식상해졌지만, 여전한 기회의 불평등 때문에 자원이 부족하고 가난할수록 학력과 학벌을 더욱 쟁취해야 하는 것이다. 그러나 나는 모두가 이 대열에 동참함으로써 결국 아무도 그 목적을 이루어 낼 수 없는 건 아닐지 염려부터 앞섰다.

## 어른 되기가 버거운 청소년과 청년

"외로운 길을 부모님이 사 준 '나이키' 신발을 신고 걷는 어린 젊은이, 브랜드 없는 '운동화'를 신고 걷는 이, 부모님이 밤새 정성스럽게 짜 준 '짚신'을 신고 가는 이, 아예 그런 형편도 되지 않아 '맨발'로 걷는 어린 젊은이들이 경쟁하며 걷고 있을 때, 맨발로 걷는 이는 주변을 살피며 무엇으로 계속 걸어갈 수 있는 희망의 끈을 놓지 않을 수 있을까요? 우리 사회의 소득 양극화가 더욱 심화하면서 불행하게도 나이키를 신은 이가 걷는 길은 '타탄 트랙'처럼 평탄한 길인데, 운동화를 신고 걷는 이의 길은 '자갈밭' 같은 길이고, 맨발로 걷는 이의 길은 '갯벌 진흙탕'과 같은 험난한 길일 개연성이 매우 높아지고 있습니다. 이런 상황에서 맨발로 갯벌 진흙탕 길을 걷는 어린 젊은이는 무엇으로 꿈과 희망을 지탱해 갈 수 있을까요? 걸어가는 방향과 목표를 잃지 않고 어떻게 계속 걸어갈 수 있을까요?"[4)]

몇 년 전, 청소년 진로 교육 정책을 고민하는 세미나에서 나이 지긋한 교육학 교수가 던진 질문이다. 그는 오늘날 한국 사회에서 청소년·청년으로 사는 것에 대해 진지하게 묻고 다시 출발해야 한다고 강조했다. 학업 성적 부진은 불평등의 결과이기 때문이다. 개인이 아무리 열심히 노력해도 부모의 학벌과 소득이 뒷받침되지 않으면 만회할 길이 없다.

『왜 잘사는 집 아이들이 공부를 더 잘하나?』[5)]에서 저자는 연구를 통해 부모의 학벌이 자녀의 학벌을 좌우한다는 사실을 밝혀냈다. 한마디로 서울대 출신 부모의 자녀는 서울대에 다른 집 아이들보다 쉽게 진학한다는 뜻이다. 또 다른 연구를 보면 4년제 대학 진학에서 계층별 차이가 심한 것으로 조사됐다. 4년제 대학 진학률이 저소득층은 39.0퍼센트에 그친 반면 중간층은 57.5퍼센트, 고소득층은 70.5퍼센트로 소득 수준에 비례했다.[6)]

부모의 재력은 여기에서 그치지 않고 앞으로 다가올 자녀의 취업률과 임금에도 영향을 주는 것으로 나타났다. 가구 월 평균 소득이 100만 원씩 늘어날수록 그 자녀의 토익 점수는 21점씩 상승하는데, 토익 점수 10점당 대기업 취업 확률은 3퍼센트씩 높아졌

4) 이광호, 2012 서울평생학습축제 평생교육관계자 세미나 주제 발표 「청소년을 바라보는 시각과 청소년 정책 방향」, 16쪽에서 재인용.
5) 신명호, 『왜 잘사는 집 아이들이 공부를 더 잘하나?』, 한울아카데미, 2015.
6) 「200만 원 아동 외투 논란… 새학년 교실 곳곳 빈익빈 부익부」, 포커스뉴스, 2017. 3. 2.

다. 특히 어학 연수 경험은 대기업 취업 확률을 무려 49퍼센트나 높이고 평균 7퍼센트 정도의 임금 상승을 보장했다.[7] 우리 사회에서 청소년과 청년의 '미래'는 어느 집 자녀로 태어났느냐에 달려 있다고 해도 지나치지 않을 정도다.

우리는 여기에서 한 걸음 더 나아간 질문을 던져 볼 수 있을 것이다. 맨발로 갯벌 진흙탕을 걷는 젊은이와 나이키 신발을 신고 평탄한 길을 걷는 젊은이가 도착하는 곳은 같을까? 비록 맨발로 갯벌 진흙탕을 걷더라도 결과가 같다면 그래도 희망이 있을 것이다. 그것이 교육의 역할 중 하나였다. 그러나 우리는 이들의 종착역이 각각 다르다는 사실을 잘 안다. 취업을 예로 들면 나이키 신발을 신은 젊은이는 대기업으로, 운동화 신은 이는 중소기업으로, 짚신을 신거나 맨발인 이는 생산직과 현장직으로 향하도록 길이 닦여 있다.

정부는 이런 격차를 해소하기 위해 2008년 고교 다양화 정책을 시행했는데, 마이스터 고등학교와 특성화 고등학교가 대표적이다. 고졸자도 성공하는 시대를 만들면 '일단 대학부터 가자'는 학력 과잉 현상을 막을 수 있다는 취지였다. 그 결과 80퍼센트였던 대학 진학률이 70퍼센트로 떨어지고, 고졸자 취업률이 2010년 25.9퍼센트에서 2015년 34.3퍼센트로 증가하는 등 효과가 나타나는 듯 보였다.

---

7) 「20대 청년, 후기청소년정책 중장기 발전전략 연구」, 한국청소년정책연구원, 2015, 41쪽.

그런데 곁에서 보는 것과 달리 안으로 들어가 살펴보니 이들의 일자리가 오히려 고교 다양화 정책을 시행하기 전보다 더 열악해졌다는 결과[8]가 나왔다. 질보다 양을 중시하는 보여 주기 식의 정책은 허울 좋은 껍데기에 불과하다는 분석이 뒤따랐다. 괜찮은 일자리에 이들의 자리는 없었고, 학교에서 공부하고 배운 기술은 사회로 통하는 문을 열어 주는 '열쇠'가 아니었다. 이미 비대졸 청소년과 청년들은 저임금 단순노동에 시달리는 질 낮은 일자리로 유입되고 있다.[9]

보통 어른이 된다는 것은 교육(고등학교 또는 대학교)을 마치면 부모 품을 벗어나 사회로 나가 돈을 벌고, 때가 되면 결혼해서 아이를 낳아 부모가 되는 식으로 순서를 밟아 가는 과정이었다. 그런데 2000년대로 들어와 고용 불안정과 계급 양극화, 학력-직업-소득 사이의 상관 관계가 불안정해진 신자유주의 사회에서는 아무리 교육을 받아도 안정된 직업을 얻는 삶을 계획하는 것이 점점 어려워졌다. 어느덧 어른이 됐지만 일반적인 순서대로 살 수 없게 되었다. 그리고 자녀 세대가 부모 세대보다 나은 삶을 살지 못하는 현상이 처음으로 나타났다. 그리하여 이들의 어른 되기를 방해하는 원인은 얽히고설킨 실타래처럼 풀기 어려운 사회 문제가 되었고, 국가는 아직까지 뚜렷한 해법을 마련하지 못하고 있다.

---

8) 특성화 고등학교 출신 취업자 중 4대 보험 가입률이 2013년 30.4퍼센트에서 2015년 26.4퍼센트로 줄어든 것으로 나타났다. 회사의 질이 낮다는 뜻이다. 「대학 나오면 뭐하냐고? 고졸은 더 힘들다」, 중앙일보, 2017. 3. 2.

9) 「저임금 단순노동에 격무… 고졸명장 꿈, 입사 넉 달 만에 접어」, 동아일보, 2016. 6. 16.

그러나 이런 사회 현상은 이미 다들 알고 있는 하나 마나 한 이야기다. 진짜 문제는 다른 데 있다. 얼마 전 인터넷 검색을 하다가 우연히 '그 많던 고졸은 모두 어디로 갔을까'[10]라는 제목의 기사를 접하고는 비대졸자 문제가 얼마나 해묵은 것인지 알게 됐다. 청년 실업이 사회 문제가 된 지 한참이지만 2004년에 쓰여진 이 기사는 '청년'은 죄다 대학생들 일색이고 고졸은 투명 인간이라며 우리 사회의 학벌주의를 향해 날 선 비판을 하고 있었다. 민노 당원들도 만나면 학번부터 물어본다, 직업에 귀천 없다는 거짓말, 학력별 임금 격차 세계 최고 등 소제목만 대충 훑어봐도 고졸 청년의 삶은 13년 전이나 지금이나 별로 달라지지 않았다. 13년은 긴 시간이다. 이렇게 긴 시간 동안 학력이 낮을수록 맞닥뜨리는 만성적인 실업과 저임금, 개인이 아무리 노력해도 결과가 달라지지 않는 희망 없는 상황은 더욱 굳고 단단해졌다. 그리고 갈수록 명문대 입학이라는 한 방향으로 달려가는 사람들이 많아졌다. 이 시간들은 비대졸 청년 개개인에게 어떤 영향을 끼쳤을까? 지금 20대는 이 모든 것을 보고 듣고 느끼면서 자란 세대가 아닌가.

스물네 살 준희는 자퇴하고 열아홉 살에 검정고시로 고등학교 학력을 취득했다. 준희는 대학에 갈 생각이 없었다. 입시 공부를 할 사교육비와 대학 등록금을 감당하기 어려웠을 뿐 아니라, 성적

---

10) 월간 말 222호 56~61쪽, 박권일. 알고 보니 이 기사는 『88만원 세대』의 공동저자 박권일이 쓴 것이었다.

이 어중간해서 이른바 '인 서울 대학'이 아니면 어차피 대학을 가건 안 가건 결과는 같기 때문에 무리하고 싶지 않았다.

일반 고등학교를 졸업한 인영은 어릴 때부터 공부와 맞지 않았다고 한다. 부모님이 대학에 가야 한다고 해서 인문계 고등학교에 진학했지만 공부는 진작에 뒤처져 있고, 가정 형편도 넉넉하지 않아 대학은 일찌감치 포기했다. 그렇다고 학교를 그만둘 마음은 없었다. 검정고시를 치르는 것보다 학교에 남아서 시간을 죽이면 졸업장은 저절로 받을 수 있기 때문이다. 그러나 대학 입시 공부에 몰두하는 친구들을 볼 때마다 그런 자신이 한심하게 느껴져서 주말마다 전단 나눠 주는 아르바이트를 열심히 하고 그 돈으로 외모를 가꾸며 고3 시절을 보냈다. 이들은 대학에 가지 않기로 결정했을 때 대단한 결심을 하거나 부모의 반대를 무릅쓰지 않았다. 부모들은 기대를 접거나 수긍했다. 그런데 이들은 스스로 선택했다고 생각해서 그런지 대학에 가지 않은 근본 이유가 '자기 탓'이라고 했다. 자신들이 끈기가 없어서, 노력이 부족해서, 다른 흥미로운 것에 한눈팔다가 공부를 소홀히 했다는 것이다.

딱히 무엇이 되고 싶진 않고 그냥 무엇이든 되고 싶은 이들이 당장 할 수 있는 일은 돈벌이뿐이었다. 노는 것보다 낫다고 생각했고, 돈도 필요했다. 처음엔 가볍게 아르바이트를 하면서 다른 진로를 고민하고 준비할 요량이었지만 일을 시작한 뒤로 눈앞의 일상에 쫓기는 바람에 진로를 공들여 탐색하지 못했다. 하루 일과가 일 중심으로 돌아가게 되었고, 남는 시간도 길지 않았다. 평일 저녁에는 집에 널브러져 게임을 하거나 텔레비전을 보고, 주말에는 스트레스를 풀기 위해 친구들과 놀다 보면 일주일이 훌쩍 지나갔다. 마치 쳇바퀴 돌듯 사는 직장인 같았다. 허송세월을 보내는 것 같아 불안했지만 무엇부터 시작해야 할지 막막했다. 제도권 교육의 울타리를 벗어나 모든 것을 스스로 알아보고 실천해야 하는 생활이 익숙하지 않았던 것이다.

대학에 갈 정도로 성적을 올리지 못한 원인이 자신에게 있다는 이들의 설명이 반쪽짜리라는 것을 우리는 잘 알고 있다. 마치 규칙을 준수하면서 경쟁한 결과 같지만, 절묘한 반칙의 결과라는 사실 말이다. 하지만 준희와 인영은 사회 진출을 앞두고 뭐부터 시작해야 할지 막막하고 곤란한데도, 스스로 자기 적성을 고민해서 진로를 찾고 준비하는 방법이나 살림살이를 혼자 힘으로 이끌어나가는 독립 능력을 배운 적이 없는데도, 대기업 중심의 괜찮은 일자리에 그들의 자리는 없는데도, 공부(정확히 말하면 입시 공부)를 소홀히 했으니 '당연한 결과'라며 경쟁을 내면화하고 있었다.

입시 제도처럼 능력에 대한 평가 방식은 두 얼굴을 지니고 있다. 능력이 뛰어난 사람을 골라내면서 동시에 무능한 사람을 탈락시킨다. 결국 최고를 가려내고 그 결과에 따라 남다른 기회를 상으로 받는 시험 제도는 탈락한 사람들을 최고 능력자 아래로 밀어내는 합리적인 근거가 되곤 한다. 그래서 대학에 가지 않은 사람들은 경쟁에서 이겨야 한다는 열성은 없지만, 경쟁에서 낙오했으니 어쩔 수 없다는 열패감 또는 무력감을 자연스레 수용하는 것이다. 대학에 들어갈 자격을 얻지 못했다는 이유로, 또는 넉넉지 못한 형편 때문에 학업을 포기한 청년들은 만성적인 실업과 저임금 단순노동에 시달려도 묵묵히 감내하며 살아야 하는 것일까? 이것은 자연스러운 일일까?

## '내 가게'의 꿈은 이루어질까?

2015년에 스무 살 용한을 만났을 때 그는 특성화 고등학교를 막 졸업했지만 전공과 다른 곳에 취업한 상태였다. 나는 용한을 통해 특성화 고등학교에도 서열이 있다는 사실을 알았다. 서울 근교에 있는 그의 학교는 '잘나가는 학교'가 아니었다. 3학년 1학기가 되면 학생들의 진로가 대부분 결정되는데 반은 대학입시 준비를, 나머지 반은 대기업이 운영하는 대형 물류 센터나 공장, 콜 센터 등으로 현장 실습을 나갔다. 2학기가 되면 현장 실습을 나갔던 또래들이 취업을 확정했다. 그러나 정규직은 거의 없고 대부분 계약직이었다. 용한도 같은 과정을 거쳐 다행히 정규직으로 취업했다. 용한에게 취업은 최종 목표인 외식업 창업을 위해 거치는 중간 단계였다.

"고등학교 때 프랜차이즈 레스토랑에서 알바하면서 내 가게를 갖는 꿈이 생겼어요. 지금 직장에 취업한 것도 나중에 창업할 때 도움이 되겠다는 생각에서 결정했어요."

"고등학교에서 자동차 정비를 전공했잖아요."

"전공대로 취업하는 애들 별로 없어요."

"언제쯤 가게를 차릴 것 같아요?"

"한 10년 뒤? 군대도 다녀와야 하니까."

"창업하려면 돈이 많아야 하지 않아요? 어떻게 마련할 생각이
에요?"

"열심히 모을 거예요. 그리고 창업하면 집에서 조금 도와준다
고 했어요."

목표가 확실한 용한의 자신감과 열정은 남달라 보였다. 그러나
용한은 1년을 못 채우고 직장을 그만뒀다. 얼마 후 집 근처에서 아
르바이트를 한다는 소식만 전해 들었다.

"언제까지 월급 받으며 살겠어요. 내 가게를 하면 내 마음대로
할 수 있잖아요."

농담처럼 웃으며 민수가 말했다. 그의 꿈도 10년 안에 내 가게
를 마련하는 것이다. 그는 군 제대 후 2년 동안 직장을 세 번 옮겼
다. 첫 직장은 피시방 알바였고, 두 번째로는 외식 업체에 정규직
으로 입사해서 1년 조금 넘게 다녔다. 곧 프랜차이즈 호프집으로
자리를 옮겨 비정규직 매니저로 8개월을 일했다. 지금 네 번째 직
장을 알아보는 중이다.

민수는 두 번째 직장에서 정규직으로 일하면서 생활이 안정됐
다고 한다. 그래서 부모님 집을 나와 무리하게 독립했는데 월급
이 부족했다. 그때 마침 호프집 매니저 일자리를 접하게 됐다. 업

종의 특성 때문에 새벽까지 일하고 노동 시간도 예전보다 길었다. 그리고 4대 보험에 가입하지 않는 조건을 받아들이면 당장 받게 되는 월급이 이전 직장보다 많았다. 매니저가 무슨 일을 하는지 정확히 몰랐지만 마음에 들었고, 이제 막 문을 연 새 가게여서 나중에 내 가게를 운영할 때 도움이 될 거라 생각했다. 그런데 막상 일을 시작하니 예상과 달랐다. 내 가게처럼 일할 줄 알았는데 그게 아니었다. 무엇보다 장사가 안 됐다. 장사가 안 되니 근무 조건이 조금씩 달라졌다. 일하는 시간이 더 길어졌고 새벽 퇴근길 택시비도 받지 못했다. 일하는 사람을 줄인 탓에 주방 업무까지 병행하게 됐다. 결국 세 번째 직장도 그만뒀다.

　민수도 용한도 외식업 창업을 희망했고 창업 자금은 스스로 벌어서 마련하겠다고 말했다. 나는 처음 한두 명에게서 창업 이야기를 들었을 때는 어느 세월에 돈 벌어서 창업 자금을 마련할 건가, 외식업이 쉽다고 생각하나 걱정만 했다. 그런데 내 가게 마련이 꿈이라고 소개하는 비대졸 청년들의 이야기를 자주 접하면서 다른 궁금증이 생겼다. 이들은 왜 '돈만' 버는 걸까?
　이들에게는 최대한 빨리 많은 돈을 버는 게 중요했고, 누구에게 쫓기듯 늘 시간이 없고 조급했다. 창업에 도움이 된다는 생각으로 취업을 하지만, 조금이라도 더 월급이 많고 조금이라도 덜 힘든 곳을 찾아 일터를 옮겼다. 한곳에서 오래 일하거나 직장을 옮기더라도 경력을 연결하여 능수능란한 실력을 쌓아 가는 것, 관련

자격증을 따거나 목표를 위해 필요한 공부를 하는 것 등은 이들의 관심 대상이 아니었다.

한참 후에야 내가 이들을 '청년 창업가'로 여기지 않고 걱정부터 앞세웠던 이유를 깨달았다. 이들에게는 창업이 새로운 돌파구를 마련하기 위한 패기 넘치는 '도전'이 아니고 편안한 삶을 누리는 '종착역'이기 때문이었다. 마치 은퇴 후 '내 건물'을 꿈꾸는 기성세대처럼 말이다. 어쩌면 우리 사회에서 미래에 대한 전망을 얻지 못하는 비대졸 청소년과 청년의 무기력은 꿈 없는 삶이 아니라 늙어 버린 청년의 모습으로 나타나는지도 모르겠다. 제 앞가림을 하는 어른이 되기도 전에 먼저 늙어버린 이들의 무기력을 우리는 어떻게 회복시킬 수 있을까? 좋은 학벌로 노동 시장에서 괜찮은 일터를 선점할 수 있는 지름길이 사라진 비대졸자가 살 길은 창업뿐일까?

오늘을 살아가는 청소년과 청년들이 체감하는 '빈곤'의 양상은 부모 세대와 다르다. 노벨 경제학상을 받은 아마르티아 센은 '빈곤'의 개념을 소득 수준과 이에 비례한 재화 소득의 가능성 부재로 보는 것이 아니라, '잠재력을 키울 수 있는 기회를 박탈당하는 상태'라고 정의한다.[11] 이것은 청소년과 청년들이 자유롭게 진로와 인생의 방향을 찾고 결정하며 도전할 수 있는 '기회와 선택의 자유를 박탈당하는 것'이고, 이들이 실패하지 않기 위한 딱 하

---

11) 아마르티아 센, 『센코노믹스』, 원용찬 옮김, 갈라파고스, 2008, 40쪽.

나의 선택만 강요당하고 있다는 뜻이다.

하고 싶은 일이 무엇인지 모르고, 하고 싶은 일이 있어도 경제적인 이유 때문에 못할 거라고 생각하는 사람이 많을수록, 그리고 진로는 자신에게 맞는 길을 찾는 게 아니라 자신이 맞춰 찾아가야 하는 거라고 생각하는 사람이 많을수록, 안정적이고 지위와 권세가 높은 직업을 선택하는 것이 현실적이고 바람직하다는 믿음은 더욱 강해질 수밖에 없다. 나 역시 때때로 깨지지 않을 것 같은 단단한 사회 구조 앞에서 소풍가는 고양이의 청소년과 청년 구성원들의 앞날이 뻔하면 어쩌나, 언젠가는 대학에 가야 하지 않을까, 나라고 뾰족한 수가 있겠냐는 생각에 빠져들곤 한다. 그만큼 비대졸자로 살아가는 삶은 녹록지 않다. 그렇다고 밥벌이에만 몰두하며 만족, 보람, 기쁨을 묻어 둔 채 체념 속에서 일하는 현실을 달게 받아들일 수는 없다.

그래서 나는 앞뒤가 꽉 막혀 보여 가슴이 답답해질 때면 우리 사회를 단순하게 대졸과 비대졸, 두 개의 잣대로 구분짓고 비대졸의 눈으로 세상을 바라본다. 사실 대졸의 반대는 고졸이 아니라 고졸 이하를 모두 포함한 '비대졸'이지 않은가(실제로 소풍가는 고양이를 통해 만나는 청소년과 청년 중에도 고졸자는 많지 않다). 그렇게 바라보면 대학에 가지 않은 비대졸 청소년과 청년은 결코 소수가 아니라는 사실을 알게 된다. 그들의 목소리는 더 많이 들려야 하고, 우리는 더 많이 귀 기울여야 한다는 생각이 확고해진다. 그리고 우리 사회가 부추기는 번듯함과 풍족함을 좇는 삶이 아니라 소박하더라도 만족감 속에서 살아가는 길을 상상해 본다. 그것이 소풍가는 고양이에서 이루어지기를 간절히 바라면서.

## 03

# 안전한 일터
# 만들기

환대란 타자에게 자리를 주는 행위,
혹은 사회 안에 있는 그의 자리를 인정하는 행위이다.
자리를 준다/인정한다는 것은
그 자리에 딸린 권리를 준다/인정한다는 뜻이다.
또는 권리들을 주장할 권리를 인정한다는 것이다.
환대받음에 의해 우리는 사회의 구성원이 되고,
권리들에 대한 권리를 갖게 된다.

－김현경, 『사람, 장소, 환대』 중에서

# 장면 1, 2008년 9월의 어느 날

"커서 뭐가 될래?"

"글쎄……. 꼭 뭐가 돼야 하나?"[1]

다큐멘터리 영화 〈두 개의 눈을 가진 아일랜드〉는 아일랜드 음악을 하는 돈 없는 젊은 음악가 다섯 명이 달랑 자신의 악기만 들고 무작정 아일랜드로 떠난 여행기다. 이토록 무모한 여행을 감행할 수 있었던 것은 젊은이 특유의 '자유로운 영혼'과 '열정' 덕분이었다. 그곳에서 그들은 낯선 사람들과 친구가 되고 때로는 길모퉁이에서 길거리 연주로 돈을 모으며 그야말로 발길 닿는 대로 움

---

1) 임진평, 『두 개의 눈을 가진 아일랜드』, 위즈덤피플, 2008, 57쪽. 감독은 영화를 찍은 후 못다 한 이야기를 같은 제목의 책으로 펴냈다.

직였다. 한국에서 태어난 그들이지만 국경을 초월해 아일랜드에서 아일랜드인들과 아일랜드 음악을 함께 연주하는 것이 자연스러웠다. 소박하고 평화로우며 서정적인 아일랜드의 풍경과 슬픈 선율의 아일랜드 전통 음악이 젊은이들의 자유분방함과 만나 참 아름답게 펼쳐졌다.

하지만 나는 영화를 보는 내내 이들의 여행기가 마치 공상 과학 영화처럼 더없이 비현실적으로 느껴졌다. 하필 영화가 개봉한 2008년 9월은 세계 경제가 막 무너져서 무척 암울한 시기였다. 세상이 곧 망할 것처럼 하루 걸러 떠들썩한 보도가 이어지는 상황에서, 1년 전만 해도 가능했던 이들의 여행이 나에게는 '딴 세상 이야기'처럼 들렸다.


## # 장면 2, 2010년 12월의 어느날

"커서 뭐가 될래?"
"그냥…….."
그때부터 겨우 2년이 지난 후에 나는 표류할까 봐 내심 겁을 집어먹은 어린 젊은이 10여 명을 만났다. 대학에 가지 않고 사회로 막 나온 이들은 대부분 되고 싶은 것도, 하고 싶은 것도 없었지만 돈을 벌기 위해서라면 무엇이든 하겠다고 말했다. 그런데 이들은 무엇에 쫓기는 사람들처럼 조급해하며 빨리 많은 돈을 벌고 싶어

했고, 한 가지 일을 길게 하지 못해 일터를 수시로 옮겨 다녔다.

　나중에야 이들이 그럴 수밖에 없는 이유[2]를 이해했고, '날마다 반복되는 평범하고 안전한 일상'을 원하는 이들의 본심을 알게 됐다. 그때 비로소 나는 세상이 바뀜에 따라 새로운 상황에 놓인 존재들을 발견했다. 과연 이들은 아일랜드로 떠난 젊은 음악가의 '무모한 도전 정신과 자유로움'을 느낄 수 있을까? 아마도 그것은 불가능할 것이다. 돌아올 곳이 없는 사람은 떠날 수 없기 때문이다.


## # 장면 3, 2017년 4월의 어느날

"커서 뭐가 될래?"

"평범하게 살고 싶어."

　이런 현상은 더 많은 젊은이들에게 뚜렷이 나타나고 있다. 최근 방영한 EBS 다큐멘터리 4부작 〈2017 시대탐구 청년, 평범하고 싶다〉에는 저성장 시대에 평범한 삶조차 허락받지 못한 우리 사회의 다양한 청년들이 등장한다. 일터에서 일회용품처럼 사용되고 버려질까 봐 두려워하는 청년, 위험에 고스란히 노출되고 감내해야 하는 청년, 정부가 정하는 최저 임금에 자신의 생존을 맡겨

---

2) 자세한 내용은 1장 참고.

야 하는 청년, 치열한 경쟁을 뚫고 높은 월급이 보장된 대기업에
입사했지만 장시간 노동과 수직적인 조직 문화 때문에 퇴사하고
다시 원점으로 돌아와 어떻게 살아야 할지를 고민하는 청년들 말
이다. 그들은 그저 자신을 지킬 수 있을 만큼 먹고사는 평범한 삶
을 원할 뿐이라고 입을 모았다.

## 꿈이 되어 버린 평범한 일상

8년 전, 대학에 가지 않는 청소년과 청년들이 "되고 싶은 게 없
어요."라고 하는 말을 듣고 마음이 무척 복잡했던 기억이 아직도
생생한데, 최근에는 희망 직업이나 꿈을 묻는 것이 실례되는 질문
이라는 농담이 오갈 정도로 이 세상을 살아가는 길이 고단해졌다.
그리고 많은 젊은이들의 '미래 희망'은 정착해서 평범하게 사는
것이 되었다. 이 '희망 사항'은 로또 당첨을 꿈꾸는 것처럼 실현
될 가능성이 아주 적거나 전혀 없는 헛된 기대일까, 아니면 개인
의 꾸준한 노력으로 실현될 수 있는 희망일까? 뛰어나지도, 색다
르지도 않은 보통을 뜻하는 평범한 삶이 누구나 누릴 수 없는 특
별한 삶이 되어 버린 이유는 무엇일까? 사회학자 리처드 세넷은
자본주의라는 개념이 묘사하는 체계가 근본적으로 변화했기 때
문이라고 설명한다.[3]
사실 자본주의의 역사는 고작 200년밖에 안 되었을 정도로 짧

다. 하지만 자본주의는 짧은 역사에 견주어 가장 혼란스럽고 가장 많은 논란을 불러온 말이 되었다. 지금도 명확하게 하나로 설명하기 어려울 정도다. 그저 단순하게 상품과 돈이 오가는 시장 경제 영역에 한정된 말이 아니라 경제적·사회적·정치적·문화적인 현상을 모두 포괄하는 말로 쓰일 정도로 자본주의가 사람들의 삶에 끼치는 영향력은 어마어마하다. 그동안 자본주의는 시대의 변화에 따라 산업자본주의, 탈산업자본주의, 국가자본주의 등 여러 이름으로 불렸으며, 최근에 등장한 체계[4]는 유연한 자본주의, 신경제, 신자본주의, 신자유주의 등으로 표현된다. 유독 새롭다는 뜻의 '신'(新) 자가 눈에 띄는데, 그만큼 과거와는 아주 다른 형태의 자본주의라는 뜻이다.

새로운 자본주의의 가장 큰 특징은 유연성(자유)에 있다. 어떤 간섭도 받지 않고 어떤 조건에도 방해받지 않으며 개인의 자유로운 선택을 강조하는 유연한 방식이 더 많은 이익을 가져다준다는 것이다.[5] 덕분에 틀에 박혀 있던 시간과 장소와 노동은 고삐 풀린 망아지처럼 자유를 얻었다. 그 영향으로 오랜 기간 한 일터에서 한 가지 기술로 한 우물을 파는 일의 형태는 사라졌다.[6]

여러 일터에서 짧은 기간 동안 단편적으로 일하며 느닷없이 다

---

3) 리처드 세넷, 『신자유주의와 인간성의 파괴』, 조용 옮김, 문예출판사, 2002, 7쪽.
4) 새로운 자본주의가 시작된 시기는 학자들마다 달리 보기도 하지만, 보통 1980년대 영국의 대처 수상이나 미국의 레이건 대통령이 신자유주의 정책을 본격화함으로써 세계 질서를 주도하게 됐다고 설명한다.
5) 김현미·강미연·권수현·김고연주·박성일·정승화, 『친밀한 적』, 이후, 2010, 8~9쪽.

가오는 변화도 능숙하게 받아들여 최상의 결과를 내놓아야 하고, 그중에서 제일 잘한 사람이 모든 상을 독차지한다. 아깝게 순위 밖으로 밀려난 사람을 위로하는 아차상이나 진 사람에게 다시 도전할 기회를 주는 패자 부활전 따위는 없다. 이런 식의 계산은 위험과 비용은 최소화하고 이익은 최대로 얻으려는 '이기적인 손익 계산법'이다. 누구는 큰 이득을 얻겠지만 그 이득 뒤에 가려진 위험을 '누가' 감수하는지 살펴보면 이 계산법이 무척 불평등하다는 것을 금방 알 수 있다.

배달 서비스는 청소년과 청년이 가장 흔하게 일하는 업종이다 (배달 아르바이트의 평균 연령은 25.3세다). 그런데 우리가 손쉽게 이용하는 배달 앱의 등장이 신종 배달업을 탄생시켰다. 기존 배달 서비스는 손님이 배달 업체(음식점)에 직접 주문하면 음식점에서 직접 고용한 배달원이 음식을 배달한다. 손님과 배달 음식점 간에 직접 주문과 배달이 이루어지는 구조였다. 그러나 신종 배달업은 기존 배달 음식점이 아르바이트 청소년과 청년을 직접 고용하던 역할을 따로 떼어 만든 새로운 시장이다. 손님이 배달 앱으로 음식을 주문하면 음식점은 음식을 만들고, 신종 배달 업체가 배달 서비스를 제공하는 방식이다.

---

6) 리처드 세넷은 2000년에 취직한 젊은이는 평생 노동하는 동안 12~15번쯤 고용주를 바꾸게 되며, 현대의 기술 경제는 너무 앞서가기 때문에 오늘날의 교육 제도에서 배운 전공 분야로는 일자리를 찾을 수 없다고 예상했다.

문제는 아르바이트 청소년과 청년이 신종 배달 업체와 계약을 맺어 배달 건수에 따라 배달 수수료를 나누는 '개인 사업자'라는 점이다.[7] 배달을 많이 하면 많이 벌고 적게 하면 적게 번다. 때문에 같은 시간 안에 많은 '건수'를 처리해야 하는 부담이 난폭 운전을 부추겨 사고로 이어질 수 있는데, 이 책임은 온전히 아르바이트 청소년과 청년의 몫이다.[8] 결과적으로 이기적인 손익 계산에 따라 생겨난 위험을 아르바이트 노동자가 감수할 수밖에 없는 구조이며, 이러한 시장의 요구는 어린 젊은이라고 해서 비켜 가지는 않는다.

　　우리는 이기적인 손익 계산법으로 생겨난 배달 서비스에 이런 질문을 던져 볼 수 있을 것이다. 신종 배달업의 탄생으로 새로운 시장이 생겨 일자리가 늘어났으니 환영해야 할까? 또는 일자리는 늘어났지만 사람을 위험에 빠뜨리고 이익은 다른 사람이 취하는 불평등하고 질 낮은 일자리이므로 홀대해야 할까? 본래 유연성과 자유는 부정적인 이미지가 없어서 사람들에게 인생의 자유가 더 많이 주어지는 듯한 착각을 불러일으키는데, 자본의 원리로 돌아가는 새로운 질서는 자유에 대한 책임을 이처럼 개인에게 혹독히 묻는다.

　　무엇보다 모두에게 돌아갈 만큼 일이 충분하지 않은 현실(바꿔

---

7) 희정, 『노동자, 쓰러지다』, 오월의봄, 2014, 198쪽.
8) 약 70퍼센트의 배달 아르바이트 청소년과 청년은 업무상 과실을 부담하는 '서약서'(사실상 위약 계약으로 서면 작성 45퍼센트, 구두 작성 24퍼센트)를 작성한다. 김종진, 「배달앱 아르바이트 고용 구조와 노동 실태」, 한국노동사회연구소, 2016.

생각하면 적은 사람과 적은 일자리로도 지금의 경제가 잘 돌아간다는 뜻이기도 하다)이 방황과 탐험의 시기를 거치면서 다양한 경험을 쌓아 어른으로 성장해야 하는 이들을 '생계형 순응자'로 살아가는 '먹고사니즘'의 세계로 정신없이 밀어붙이고 있다. 노동 시장, 상품 시장, 금융 시장 등 시장을 중심으로 가속화한 새로운 자본주의의 사회 질서 속에서, 당연한 말이지만 사람들의 일상과 삶은 완전히 달라졌다. 일이 삶보다 더 큰 존재가 됐고, 삶을 위해 일이 존재하는 것이 아니라 거꾸로 일을 위해 삶이 존재한다.

나는 자본주의에 관해 전문적인 지식은 부족하지만, '닻을 내리고 평범하게 사는 것'은 '사람 대접 받는 일터에서 사람답게 살아가는 일상으로 채워진 사람다운 삶'의 다른 말이라고 생각한다. 사람답게 살아가는 평범한 삶은 차곡차곡 쌓인 평범한 일상을 통해 만들어진다. 그리고 평범한 일상은 두 얼굴을 하고 있다. 모든 일상의 시간에 질서가 생겨 정해진 대로 움직이기 때문에 안전하지만, 대신에 변화가 없어 반복적이고 지루하다. 평범한 일상이 평범한 삶으로 이어지는 방식에는 평생 한두 군데 직장에서 날마다 거의 똑같은 일을 하면서 한 걸음씩 승진하는 전통적인 직업 형태와, 일과 가족에 매여 일생이 따분할지 모르지만 스스로의 인생 스토리를 한 땀 한 땀 역동적으로 만들어 가며 자긍심을 잃지 않는 형태가 있다.

그래서 평범한 일상은 사람의 품위를 떨어뜨릴 수도 있지만 보호할 수도 있으며, 노동을 구성할 수도 있지만 인생을 구성할 수도 있다. 이것은 장기적인 전망 속에서 자신의 시간 사용에 대한 통제력이 있을 때 가능하고, 그러려면 사회 안에 고정된 내 자리가 있어야 한다.[9] 아이러니하게도 이것은 새로운 자본주의가 폐기 처분한 '낡은 것'이다. 결과적으로 '새로운 자본주의가 요구하는 삶'과 '사람이 안정감을 느끼며 사는 삶'의 조건은 완전히 다르다. 돈벌이 앞에서 개인이 무기력하고 허무해지는 원인은 이것 때문이기도 하다.


## 사회 안에 작은 내 자리 만들기

새로운 자본주의가 양극화, 빈부 격차 등 수많은 사회 문제를 일으키자 세계적으로 이를 극복하기 위한 방법이 모색되었다. 그중 하나가 사회적 경제다. 착한 경제, 행복한 경제 등 다양한 말로 설명되며, 이윤의 극대화를 최고의 가치로 삼는 시장 경제와 달리 사람의 가치를 먼저 생각하는 경제 활동을 말한다. 이를 한마디로 표현하면 '사람 중심의 경제'라고 할 수 있는데, 무엇보다 손익 계산법이 다르다. 위험과 이익을 생산자와 소비자, 회사, 국가가 함께 책임지고 나누어서 당장은 만족스럽지 않지만 길게 보면 모두가 이익을 얻는 계산법을 따른다.

---

9) 리처드 세넷, 같은 책.

땅과 사람을 죽이지 않기 위해 농약을 사용하지 않고 친환경 농사를 짓는 회사, 친환경 농산물을 소비자와 농부가 직거래로 사고 파는 농산물 유통 회사, 현수막처럼 버려지는 천으로 예쁜 가방이나 지갑 등을 다시 만들어 파는 디자인 회사, 개발 도상국 사람들이 착취당하지 않도록 정당한 노동의 대가를 주고 물건을 사 오는 공정 무역 회사, 여행을 가더라도 현지 주민들에게 이익이 돌아가게끔 여행 프로그램을 짜는 공정 여행(또는 책임 여행) 회사, 사회적 약자인 장애인, 이주 여성, 청소년, 청년 등에게 일자리를 제공해 경제적으로 자립할 수 있게 돕는 회사, 예술 작품이나 예술 활동을 시민들이 일상에서 즐길 수 있도록 제공하고 예술가들은 밥벌이 걱정 없이 예술 활동에 전념할 수 있게 서로를 이어주는 회사, 주민들이 십시일반으로 회비를 납부해 과잉 진료를 하지 않고 안전하게 진료하는 동네 주치의 병원, 시민들이 좋은 곳에 기부할 수 있도록 도움이 필요한 곳과 연결해 모금을 주선하는 회사 등 정말 다채로운 수천 개의 회사들이 사회적 경제를 만들어 가고 있다. 이런 회사들은 형태와 운영 방식에 따라 자활 기업, 사회적 기업, 마을 기업, 협동조합 등으로 불린다.

우리는 창업 후 뒤늦게 작은 규모의 주식회사를 설립하고 '사회적 기업'이 되었다. 2012년 2월에 설립한 주식회사 이름이 '연금술사'이고 이 회사가 운영하는 가게가 '소풍가는 고양이'다. 무슨 배짱인지 정부 지원은 최소화하고 우리 월급은 우리 힘으로 벌기로 했다.

사람이 태어나면 출생 신고를 하는 것처럼 회사도 그런 과정을 거쳐 사람처럼 법적인 인격을 부여받는다. 그렇게 하면 합법적으로 상품을 팔아 돈을 버는 경제 활동도 하고 세금도 내고 국가의 보호도 받을 수 있다. 그게 바로 '영리 법인'인데 그 형태 중 하나가 주식회사다. 주식회사는 '자본주의의 꽃'이라는 별명을 갖고 있다. 19세기 산업 혁명 시기에 영국이 최초로 주식회사 관련 법을 만들면서 주식회사와 주식 거래가 합법적으로 이루어지기 시작했다. 당시 기업가들은 대량 생산에 필요한 대규모 자본을 자신의 회사 주식을 팔아 확보하고, '사용을 위한 생산'이 아닌 '이윤을 위한 생산'을 본격화했다. 간단히 설명하면 영리 법인인 주식회사는 이익을 목적으로 상품을 팔고, 한 사람이 회사 전체를 소유하는 게 아니라 땅따먹기처럼 회사를 '주식'이라는 단위로 나눠서 여러 사람이 소유한다.

사람 중심 경제도 상품과 돈을 교환하는 시장 원리를 따르기 때문에 손익 계산법은 다르지만 시장에서 경쟁해 돈을 벌고 이익을 내야 하는 방법은 같다. 처음에는 사회적 경제 활동을 하는 주식회사를 만드는 일이 너무 어려울 것 같았고, 뭘 해야 할지 모르겠고, 온통 낯설고 복잡하고 머리 아픈 이야기투성이였다. 무엇보다 진짜 회사가 된다는 사실에 겁도 집어먹었다.

그때 우연히 접하게 된 책이 『사우스 마운틴 이야기』[10]였다.

---

10) 존 에이브램스, 『사우스 마운틴 이야기』, 황근하 옮김, 샨티, 2006. 2009년에 『가슴뛰는 회사』라는 제목으로 다시 출간되었다.

'세상을 행복하게 만든 작은 회사'라는 부제가 달린 이 책은 설립한 지 50여 년이 된 미국의 작은 건축 회사가 어떻게 시작했고 어떻게 성장했으며 어떤 회사가 되었는지를 다룬다. 저자의 이야기는 내게 큰 공부가 됐으며, 새로운 방식의 주식회사가 가능하다는 것을 깨우쳐 주었다. 회사란 돈을 벌고 바쁘게 일하며 거래하고 서비스를 주고받는 곳이긴 하지만, 결국엔 '회사인 동시에 공동체'가 될 수 있다는 것이다. 저자는 이 책의 마지막에 이렇게 말했다.

우리 회사가 지금까지 배운 것, 현재 가장 잘할 수 있는 것은 다음과 같다. 우리는 좋은 집을 만들 수 있다. 우리의 열정을 공유하는 다른 기업들을 지지할 수 있으며, 우리의 사업과 연관된 사람들과 바람직한 관계를 발전시킬 수 있다. 우리는 직원들에게 적절한 생계를 보장함으로써 직원 공동체를 지원할 수 있으며, 서로에게 작업에 대한 의견을 줄 수 있다. 우리는 공동체(지역 사회)의 안녕에 기여할 수 있고 공동체의 삶을 향상시키는 작은 성공을 만들 수 있으며, 회사의 성장에 영향을 미치는 결정들에 대해 깊이 있게 토론할 수 있다. 우리는 경쟁보다 협동을 더 좋은 원리로 받아들이고 있으며, 장기적인 관점으로 생각하는 능력을 갖기 시작했다. 우리의 출발은 좋다. 그러나 해야 할 일이 아주 많고 알아야 할 것은 더욱 많다.[11]

---

11) 앞의 책, 278쪽.

우리도 이런 회사를 만들고 싶었다. 공정하게 돈 버는 회사인 동시에 세상을 배우고 성장하는 학교이며 다양한 세대가 함께 일하고 협력하는 공동체, 장인의 마음으로 음식을 맛있게 정성껏 잘 만드는 곳, 사람과 사람, 기업과 기업, 지역과 사회를 잇는 회사 말이다. 소설에나 나올 법한 이상적인 모습이지만 그런 회사가 진짜 존재하므로 우리도 지레 포기하지 않고 해 보기로 했다.

그 첫걸음은 회사의 주인을 결정하는 일이었다. 그것은 누가 주식을 소유할지, 임원인 이사는 누가 할지 결정하는 일이었다. 우리는 사우스 마운틴 회사처럼 일하는 사람이 회사의 주인이 되는 모두의 회사, 함께 만들어 가는 회사가 되기로 결심했다. 그리고 주인이 되기로 결정한 구성원 4명은 각자 120만 원을 회사에 투

자한 뒤 그 값만큼 주식 120주를 받고, 법적으로 인정받는 회사의 주인이 되었다. 회사의 주식을 소유한 이사는 회사를 함께 소유하고 함께 책임지며 함께 이익을 나누는 권리와 의무가 있는데, 이 제도의 이름은 '청(소)년 주식 소유제'다.

주식회사 만들기를 공부할 때 들었던 가장 인상적인 말은 바로 "주인은 회사에 뼈를 묻어야 한다."였다. 그 후 이사들은 무슨 일이 생길 때마다 "우리는 뼈를 묻기로 한 사이 아니냐?"는 농담을 주고받곤 했다. 그만큼 주인이 된다는 것, 사회 안에 고정된 작은 내 자리, 작은 우리 회사를 만드는 것은 무거운 책임이 따르는 일이었다. 우리는 그 책임을 거뜬히 떠안을 수 있는 날을 고대하며 어떤 회사가 되어야 하는지 끊임없이 질문하고 고민하고 바꿔 나갔다. 그것은 책 『일하기 전엔 몰랐던 것들』에 나오는 말처럼 아주 작은 일부터 '해야 할 것'과 '해서는 안 될 것', 그리고 '안 하는 편을 택해야 할 것'을 구분하고 선택하는 우리의 자그마한 실천을 매일매일 꾸준히 쌓아 가는 과정이었다.[12]

---

12) 류동민, 『일하기 전엔 몰랐던 것들』, 웅진지식하우스, 2013, 279쪽.

2014년 2월 11일, 우리는 2주 뒤로 다가온 일본 연수를 준비하느라 한창 바빴다. 일본의 은둔형 외톨이와 니트[13] 청년 문제를 해결하는 청년 단체 '문화학습협동네트워크'가 주최한 청년 포럼에 초대받았기 때문이다. 일본도 청년 문제가 무척 심각해서 한국과 일본에서 실제로 진행하고 있는 내용을 발표하고 토론하며 같이 공부하는 행사였다. 외국에 갈 기회가 자주 생기는 게 아니어서 우리는 이참에 포럼 참석과 일본의 도시락 시장 조사를 겸하는 3박 4일 해외 연수를 계획했다. 당시 구성원 6명 전원은 매주 이틀씩 '공부의 날'을 활용해 일정을 짜고, 자료를 조사하고, 예산을 의논했다.

이날은 연수 비용을 확정하기로 한 날이었다. 안건은 두 가지였다. 먼저 일본 시장 조사에 필요한 비용은 자체 부담해야 하는데, 회사가 전부 부담할지 아니면 회사 살림이 넉넉지 못하니 일부를 개인이 부담할지 결정하기로 했다. 두 번째 안건은 개인이 부담할 비용에 어떤 기준을 적용해야 하는가였는데, 이사와 신입 직원을

---

13) 학생도 아니고 직장인도 아니면서 그렇다고 직업 훈련을 받지도, 구직 활동을 하지도 않는 젊은이. 니트(Not in Employment, Education or Training)는 영국 정부가 처음 사용한 용어다. 영국에서 16~18세 청소년을 지칭하는 개념으로, 고등학교 진학을 포기하거나 고등학교를 중퇴한 뒤 노동 시장으로 진입하지 않는 청소년에 대한 사회적 관심에서 출발했다. 우리나라는 2007년 고용노동부에서 한국적 상황을 반영한 한국형 니트를 정의했다. 경제 활동 조사 기준을 사용하여 15세부터 29세 이하 개인 가운데 취업자 정규 교육 기관이나 입시 학원 등에 통학하는 자, 심신 장애자를 비롯해 육아, 군 입대 대기, 결혼 준비 등의 활동을 하는 자를 제외한 이들이 한국형 니트에 해당한다.

구분해야 할지 말지를 결정해야 했다. 그런데 쉽게 생각했던 이 논의는 이야기가 오갈수록 만만치 않은 문제가 됐다. 반론이 제기된 건 아니고, 의논을 하다 보니 우리가 미처 생각지 못한 점을 알게 됐기 때문이다.

"생각해 보면 신입 구성원들이 연수 비용 부담 여부를 스스로 결정한 측면도 있지만, 가장 큰 이유는 회사 결정에 따른 것이잖아요. 그렇기 때문에 신입 구성원과 이사들이 부담하는 금액을 다르게 하는 것만으로도 괜찮은 건지 잘 모르겠어요. 연수 자체를 가기 싫어도 여기에 남을 수 없으니까요."

"차차의 의견도 일리가 있네요. 아……, 어쩌지? 당사자인 매미와 혁은 어떻게 생각해요?"

"뭐라고 말해야 할지 모르겠는데, 차별을 두는 것이 결국 돈 얘기라서 말하기 어려운 것 같아요. 개인이 부담하는 액수가 적어지는 걸 누가 싫다고 하겠어요. 하지만 오늘 내용은 그것만 갖고 얘기할 수 있는 게 아니라서……. 저는 일단 어떤 의견을 내기보다 여기에서 내린 결정에 반대하진 않겠다는 의견을 낼게요."

"매미는 전체 의견을 따르겠다는 거군요. 알겠어요. 그럼 혁은 어때요? 혁은 이런 이야기가 좀 어렵게 느껴질 수도 있을 것 같은데요."

"솔직히 말하면 무슨 얘기를 하는지 잘 모르겠어요."

"이제 막 사회생활을 시작한 열여덟 살 혁에게는 좀 어려운 이야기군요. 우리는 회사이고, 이번 일본 연수는 구성원들의 공부를 겸해서 가는 거잖아요. 회사 처지에서 보면 구성원들의 실력을 높이기 위한 '교육 투자'라고 할 수 있죠. 그런데 이사들과 달리 신입 구성원에게는 회사가 교육비를 투자했는데, 교육받자마자 퇴사할지도 모르는 위험이 있는 거예요. 몇 달 전에 그런 경험을 하고 알게 됐죠. 그래서 개인이 부담해야 하는 비용에 차별을 두기로 했는데, 차차의 말처럼 이게 공평한 것인지 잘 모르겠다는 거예요. 공평하려면 가지 않을 권리가 있어야 하는데 그게 없으니까요. 이해돼요?"

"네."

옆에서 가만히 듣고 있던 쫑이 말했다.

"이런 건 어때요? 입사하고 1년이 지나야 주식을 소유할 수 있지만, 이번엔 예외로 미리 주식을 사서 주인이 되게 하는 거예요. 그럼 이런 고민을 안 해도 되잖아요."

"결국 이 문제의 핵심은 구성원이 안고 있는 위험을 회사가 떠안지 않으려고 '조건'을 달려는 거예요. 손해 볼 수 있으니까요. 그런데 이런 계산법이 우리 회사의 원칙에 맞는지 생각해 봐야 할 것 같아요."

독일의 사회학자 막스 베버는 경제활동에서의 합리성은 두 가지 차원에서 이루어진다고 했다. 하나는 목적과 수단 관계를 따지는 '형식적 합리성'(자본 회계의 합리성)으로, 적은 돈으로 최대의 효과와 결과를 기대할 수 있는지 계산기를 톡톡 두드리는 계산법이 여기에 해당한다. 다른 하나는 '내용적 합리성'으로, 가치를 절대적으로 중요하게 따지는 합리성이다. 어떤 가치를 추구해야 하며 왜 추구해야 하는지를 따지는 합리성이기 때문에 돈으로 계산할 수 없다. 베버는 이 두 가지 합리성이 전혀 다른 차원의 문제이므로 혼동해선 안 된다고 주장했다.[14]

그렇다면 우리가 고민하는 연수 비용은 어떤 차원의 합리성으로 따져야 할까? 소풍가는 고양이 창업의 토대는 기부금이었다. 조건 없이, 어떠한 투입 대비 산출도 기대하지 않는 공공 자금 덕분에 창업자들은 교육도 받고 창업도 할 수 있었다. 그런데 지금, 회사가 됐다고 해서 우리가 이런 계산을 하는 것이 옳은가? 개인의 잠재력에 기대고 있는 교육의 결과물을 무엇으로 증명하라고 이런 조건을 달고 있나?

1시간쯤 깊이 고민한 끝에 우리는 결론에 도달했다. 이 문제는 '내용적 합리성'의 차원이라고 판단했다. 그래서 차별을 두어야 하는 근거와 교육에 대한 접근이 잘못됐다는 사실을 깨닫고 개인이 부담해야 하는 비용은 모두 회사가 부담하기로 했다. 단, 연수 중 개인의 욕망에 따른 지출은 개인의 몫이다. 예를 들어 온천에 간다든지, 계획에 없는 음식을 사 먹는다든지 등등. 좀 하찮아 보이지만 그때 우리는 무척 진지했다.

"그런데 우리가 내린 결정이 맞는 걸까요? 나중에 회삿돈이 모자라서 사정이 어려워지진 않을까요?"

---

14) 홍기빈, 『살림/살이 경제학을 위하여』, 지식의날개, 2012, 45~46쪽.

아무도 예측할 수 없는 질문을 남긴 채 회의를 마무리했다. 이 질문에 대한 답은 3년이 지난 지금에야 할 수 있게 됐는데, 회사 사정은 다행히 나빠지지 않았고 그때 직원이었던 매미와 혁은 아직까지 일하고 있다. 주식을 소유한 어엿한 이사로 말이다.

이렇게 우리가 겪는 딜레마가 언제나 해피엔드로 끝난 건 절대 아니다. 그러나 우리가 희망하는 회사를 운영하기 위해 포기하지 않고 시도하는 과정에서 서툴지만 여러 가지 기본 원칙을 세우거나 바꿔 나갔다. 그렇게 일상에서 수시로 불거지는 논쟁거리를 다 같이 머리를 맞대고 이야기하다 보니 자연스럽게 큰 원칙이 세워졌다. 첫째는 새로운 자본주의가 추구하는 이기적인 손익 계산법을 사용하지 않는 것, 둘째는 위험과 이익을 공동체가 함께 책임지고 나누는 것, 셋째는 모든 구성원이 장기적인 전망을 얻을 수 있도록 시간에 대한 통제권과 작은 자리를 고정하는 것, 마지막으로 이렇게 운영하면서도 망하지 않도록 최선을 다하는 것이다. 이것은 회사를 받치는 튼튼한 뼈대와 기둥이 되었다. 이 원칙을 토대로 회사의 실질적인 운영 잣대와 일터 문화를 하나씩 하나씩 작은 벽돌처럼 쌓아 올렸다.

모든 원칙은 분리되지 않고 서로 이어져 있으며 우리의 일상에 스며들어 일터 문화가 됐다. 지금도 우리는 소소한 원칙을 세웠다 바꿨다를 반복하고, "원칙이 있으면 뭐 하나."는 불만 섞인 목소리가 커지기도 한다. 부질없다고 느끼기도 하고 지치기도 하고 좌절도 하고 게으름을 피우기도 한다. 그러나 서툴고 느려도 우리의 노고에 대한 작은 결실을 매번 어떤 식으로든 확인한다. 새로운 방법은 기존의 질서를 무작정 따라가는 게 아니라 우리에게 맞는 방법인지 꼼꼼히 되짚어 보는 과정을 거쳐 완성된다. 참고할 만한 사례가 많지 않기 때문에 이 과정에서 실패도 하고 좌절도 겪을 수밖에 없었다. 그런데 최근 '종업원 주식 소유제'를 실시하는 기업이 많아졌다. 덕분에 우리가 처음 시도하지는 않았지만 적어도 틀리지 않았다는 걸 확인하면서 지킬 이유가 분명해졌다.

# 일상에서 즐기는
# 작은 소풍

논에서는 쌀밥

밭에서는 보리밥

고들고들 고두밥

아슬아슬 고봉밥

이에 물렁 무밥

혀에 찰싹 찰밥

달달 볶아 볶음밥

싹싹 비벼 비빔밥

함께하면 한솥밥

따돌리면 찬밥

**─안도현, 「밥도 가지가지」(『냠냠』, 비룡소)**

## '아무나 장사하나' 시리즈

소풍가는 고양이는 미리 예약받아 단체 음식을 만들고 배달하는 음식점이다. 예쁜 2단 찬합에 담긴 도시락과 뷔페식으로 상차림을 하는 케이터링, 그리고 간단하지만 배부른 다과 꾸러미를 직접 만들어 서울 곳곳으로 배달한다. 우리는 일회용 플라스틱 쓰레기가 나오지 않도록 간식 종류를 뺀 모든 음식을 예쁜 그릇에 담아 배달하고 그릇을 다시 찾아와 설거지한다.

유명한 음식점을 살펴보면 조리를 전공한 유명 셰프의 독특한 메뉴 이야기나 음식을 향한 남다른 열정을 품은 창업자의 스토리가 있게 마련이다. 그런 곳과 달리 우리는 처음에 '음식 만들기'로 접근하지 않고 물건을 파는 '장사'로 접근했다. 음식에 대한 이해와 열정은 부족했고 장사를 해야만 하는 이유는 분명했다. 하지만 그것만으로 장사를 잘할 수 있는 건 아니었다. 우리는 장사로 돈 버는 일을 얕잡아 봤던 것이다. 아마 대부분 그럴 텐데, 손맛 좋은 사람의 음식에 대해 "돈 받고 팔아도 되겠다."는 말을 쉽게 하듯이 장사에는 전문성과 숙련이 필요하지 않다고 생각했다. 특히 외식업은 누구나 쉽게 시작할 수 있는 업종이라고 여겼다. 그래서 경험이 전혀 없지만 우리도 할 수 있다고 생각했다. 그러나 장사를 시작하고 얼마 안 되어 우리의 코는 완전히 납작해졌다. 장사는 아무나 하는 게 아니었다!

## # 1탄, 세상에 단 하나뿐인 첫 번째 손님

처음 창업할 때 우리는 정말 걱정이 많았다. 우리가 만든 도시락을 돈 주고 사 갈 손님이 과연 있을까 싶었다. 돈 받을 가치가 없다는 게 아니고 '장사' 개념이 너무 없어서 그랬다.

마침내 하자센터를 잘 아는 분이 우리 소식을 듣고 일부러 주문을 했다. 첫 주문이어서 우리는 정말 정성을 듬뿍 담아 도시락을 싼 뒤 우르르 다 같이 배달하러 갔다. 도시락 10여 개 배달하는데 6명이 모두 간 것이다. 서비스는 많이 하면 많이 할수록 좋은 거라 생각했기 때문에 뭐 하나라도 도움이 될까 싶어서 그랬다. 그런데 막상 손님들은 우리의 등장에 당황해했다. 그때 처음으로 '과잉

서비스'라는 것을 알게 됐고, 서비스란 손님들이 부담 느끼지 않도록 한 듯 안 한 듯 자연스럽게 하는 것이 제일 좋다는 것을 배웠다. 어쨌든 이날 도시락을 먹은 손님들 중 한 분이 우리 도시락에 유독 관심을 보이며 이것저것 물어보았다. 우리는 너무 좋아서 열심히 재잘댔다.

그리고 1~2주 뒤. 그 손님의 회사에서 연락이 왔다. 도시락 배달 주문이었다. 나중에 알고 보니 그 손님은 아주 큰 법률 회사 대표였다. 창업 1주년 때 우리는 그 고마운 손님께 떡과 꽃을 선물로 보냈다. 비서에게 전해 들은 이야기로는 그분이 "점점 좋아진다."며 기뻐했다고 한다. 세상에 단 하나뿐인 첫 번째 손님은 오랜 단골손님이 되어 지금도 주문을 하고 있다.

# # 2탄, 727 주먹밥 사태

2011년 7월 26일 PM 11:00

밤이 깊었는데도 소풍가는 고양이 구성원들이 분주하게 움직이는 모습이 창문으로 보인다. 6명이 모두 작업대에 달라붙어 열심히 칼질을 하고 있다. 이날 우리는 하루 종일 다지기 중이었다. 피망 7킬로그램, 햄 9킬로그램, 단무지 3.5킬로그램, 합쳐서 19.5킬로그램의 어마어마한 양을 모두 다져야 했는데, 바로 그 다음날 아침에 이 재료로 주먹밥 600개를 만들어야 하기 때문이다.

도마와 칼이 총동원됐다. 분업은 시작됐다. 홍아가 피망을 씻고 꼭지와 씨를 빼서 주면 단미가 길게 채만 썰어서 놓아둔다. 그러면 쫑과 푸푸가 나란히 서서 다진다. 계속 다지고 다지고 다진다. 그러다 단무지를 썰기로 한다. 통단무지를 채 썰고 다진다. 차차가 기계의 힘을 빌려 보자며 커터를 가져온다. 신 나게 썰다가 손도 같이 썰어 버렸다. 아……. 썰기와 다지기는 새벽 2시까지 이어졌다.

2011년 7월 27일 이른 아침

피곤한 얼굴로 모두 출근. 주먹밥 2종류를 각각 300개씩 모두 600개를 만들어야 한다. 압력 밥솥으로 밥만 11번을 해야 한다. 한쪽에서 쌀을 씻고 밥을 올린다. 다른 한쪽에선 우엉을 다지고 조린다. 조림 간장 냄새가 진동한다. 먼저 햄주먹밥부터 시작. 시간 계산을 잘못했는지 빠듯하다. 전날 밤늦게까지 일하면 고단해서 다음날은 평소보다 속도가 느려진다는 것을 예상치 못했다. 손이 모자라 요리 선생님의 반찬 가게 식구들까지 동원해 미친 듯이 주먹밥을 만든다. 점심도 거른 채 저녁이 되어 간다.

비가 퍼붓기 시작한다. 비 때문에 강변북로 통행이 금지되었다는 소식이 들려온다. 우리가 예상했던 배달 시간보다 더 걸린다는 말이니 더 일찍 출발해야 한다. 초조해서 입술이 바짝바짝 탄다. 그래도 손은 계속 주먹밥을 찍는다. 찍어 낸다는 표현이 맞다. 공장이다. 10분에 50개씩 만들어 내고 있으니 상상도 못했던 빛의 속도다. 도저히 시간을 맞추지 못할 것 같아서 한꺼번에 출발하지 않고 완성된 것만 갖고 1차로 먼저 출발한다. 정신이 없다. 한 차례 출발한 뒤 이번엔 음료를 포장한다. 마음이 급하니 모두들 우왕좌왕. 겨우 마치고 2차 출발. 앞이 보이지 않을 정도의 빗속을 뚫고 달린다. 가게에서는 모두 출발해 상황 종료다.

그런데 곧 다른 국면이 시작된다. 이날 폭우로 서울시 전역의 교통이 마비 상태에 빠진 것이다. 주문한 곳에서 10분에 한 번씩 전화가 걸려 오고, 가게에서는 죄송하다는 말만 연발한다. 점점 전화벨 소리만 들어도 두려울 지경이다. 하지만 도착하려면 아직 멀었고…….

겨우겨우 도착하니 행사는 이미 끝나 버린 상황. 행사에 참석한 분들이 모두 가 버렸다. 설상가상으로 1차로 보낸 주먹밥은 상해 버려서 먹지 못했다고 한다. 우리가 서툰 줄 알면서도 의미가 있

다는 것 때문에 일부러 주문해 준 손님에게 너무 미안해서 고개를 들 수가 없다. 돈을 못 받는 건 중요하지 않다. 행사를 망친 것 같아서 몹시 부끄러웠다.

　눈물을 머금고서 주먹밥과 음료를 들고 다시 가게로 돌아온다. 이젠 정리할 시간. 음식물 쓰레기봉투가 주방 안을 가득 메운다. 한밤중이 돼서야 뒷정리까지 모두 마친 우리는 이날 유례없는 폭우로 우면산이 무너졌다는 소식을 그제야 듣는다. 천재지변이다. 이날은 뭘 해도 안 되는 날이었던 거다.

　2012년 어느 날
　"식사하신 도시락 그릇 가지러 왔습니다."

"아, 소풍가는 고양이죠? 아주 맛있게 잘 먹었습니다. 기억하실지 모르겠는데, 작년 이맘때 우리가 소풍가는 고양이에 주문했었어요. 우면산이 무너진 날 주먹밥이요."

"어머나! 그때 큰 피해를 드렸는데 오늘 또 주문하신 거예요?"

"소풍가는 고양이가 얼마나 좋아졌는지 궁금해서 주문했어요. 오늘 완벽했어요. 맛도, 배달도! 고생하셨어요. 정말 많이 좋아졌네요. 주변에 소문 많이 낼게요."

1년 후 응원하는 마음으로 다시 주문해 준 손님은 기적이다. 무엇보다 그동안 우리 실력이 쌓여서 손님을 실망시키지 않아 정말 다행이다. 마음속 깊이 박혀 있던 미안함이 스르르 녹아내리고 자신감이 불끈 솟는다.


## # 3탄, 기똥찬 하루

2013년 5월 28일 AM 8:00

소풍가는 고양이의 월요일 아침이 밝았다. 월요일은 항상 분주하다. 전날(일요일)에 미리 재료를 준비해 둘 수 없기 때문에 모든 준비를 당일 아침에 해야 한다. 오늘 근무조는 셋. 셋이서 52인분 도시락을 싸고 배달해야 한다. 먼저 토요일에 일찌감치 예약해 둔 재료들이 도착했는지 살펴본다. 채소들이 도착하지 않았다. 흠.

"부부야채죠? 소풍가는 고양이인데요, 아침 8시까지 갖다 달라고 말씀드린 채소들이 아직 안 와서 전화 드렸어요."

"곧 갈게요. 월요일에는 내려야 하는 재료가 많아서요."

"(다른 곳들도 사정은 비슷하군) 네, 좀 서둘러 주세요. 저희도 시간이 빠듯해서요."

식재료가 올 때까지 먼저 일사불란하게 업무를 나눴다.

▶ 조리 담당 1명 : 나물 데치고 무치기, 메추리알 조리기, 국 끓이기, 밥 짓기, 주요리 조리하기, 국 담기

▶ 도시락 포장 담당 2명 : 도시락 그릇을 주문받은 수만큼 작업대에 깔기, 베이킹 컵에 반찬 5가지 담기, 도시락에 반찬 담기, 밥 담기, 주요리 담기, 도시락 뚜껑 덮고 고무줄로 고정하기, 배달 가방에 넣기, 틈틈이 설거지하기

소풍가는 고양이의 도시락은 완성될 때까지의 과정이 참 길다. 그래서 준비할 것도 많다. 채소가 도착하고, 고기가 도착하고, 채소를 씻고 데치고 볶고, 고기를 양념에 재우고 볶고, 압력 밥솥에 쌀을 안치고 뜸을 들이고 김을 빼고, 반찬과 밥을 도시락 그릇에 담고 뚜껑을 덮고 고무줄로 고정한 뒤 배달 가방에 넣고, 11시 30분 완성. 한 치의 실수도 없이 완벽했다!

이제 안심하고 배달 장소로 출발~.


AM 11:50

"안녕하세요? 소풍가는 고양이입니다. 말씀하신 월드컵 경기장 주차장에 도착했는데, 정확히 어디로 갖다드리면 될까요?"

"(화들짝 놀라며) 네? 오늘 오셨어요? 저희 행사는 내일인데요?"

"(순간 당황하며) 네? 내일이요?"

"날짜를 잘못 아셨나 봐요. 어떡하나요?"

"(애써 침착한 목소리로) 아, 착오가 있었던 모양이에요. 괜찮습니다. 저희 실수인걸요. 내일 다시 시간 맞춰 오겠습니다."

전화를 끊고 잠시 멍하니 하늘을 올려다보았다. 어떤 상황인지 가늠해야 했다. 가게로 전화해서 상황을 알리고 서둘러 출발했다. 가게로 돌아와 원인을 찾은 끝에 주문받은 사람이 달력에 날짜를 잘못 올린 것으로 밝혀졌다. 조금 진정이 되자 이번엔 걱정이 밀려왔다. 52개나 되는 도시락을 어떻게 처리해야 할까?

PM 12:30

동네 이웃들에게 돌리는 다섯 번째 전화.

"안녕하세요? 소풍가는 고양이인데요. 혹시 아직 점심 안 드신 분 계시나요?"

PM 1:30

"애고, 어쩌다 그런 일이 생겼대요. 잘 먹을게요. 고맙습니다."

"(웃으며)저희가 잘못한걸요. 맛있게 드세요."

마지막 배달 완료.


PM 2:00

우리 셋은 우리가 싼 도시락을 점심으로 먹었다. 남은 도시락 3개는 냉장고에 넣었다. 내일 마저 먹을 예정이다. 식사를 마친 우리는 묵묵히 주방에 들어가 쌓여 있는 도시락 통을 설거지했다. 그. 리. 고. 오늘과 똑같은 내일 아침 주문을 준비하려고 부지런히 재료를 손질했다. 며칠 있으면 소풍가는 고양이 창업 2주년. 이웃이자 단골들에게 맛난 점심 식사를 대접하라고 하늘이 계시를 내린 모양이다.


* 오늘의 선물 도시락 배달 리스트_총 46개

동네부엌과 마포두레생협 15개, 민중의 집 15개,

공동육아와 공동체교육 사무국 5개,

오마이뉴스 사무실 6개, 줌마네 5개

## 음식을 만들어 파는 몸 되기

납작해진 코를 다시 세우기까지 우리가 저지른 사건 사고는 다시 떠올리기 부끄러울 정도로 수없이 많다. 하루에도 몇 번씩 손님을 상대하고 주문을 소화하느라 울고 웃는 것이 장사였다. 물론, 돈도 우리를 수시로 들었다 놨다 했다. 초창기에 우리가 자꾸 삽질을 한 이유는 너무나 분명했다. 우리는 실력이 너무 약한 팀이었다.

무엇보다 장사 중에서도 '음식' 장사를 한다는 것에 대한 인식이 부족했다. 그것이 무엇이든 돈을 받고 파는 '상품'은 가격에 걸맞은 값어치를 해야 하고, 음식을 만들어 파는 것이라면 당연히 맛있게 잘 만들어야 했다. 그런데 청소년과 청년 구성원 대부분은 밥의 참맛을 몰랐고, 밥을 좋아하지 않았다. 대신 햄버거, 피자, 탄산음료, 사탕 같은 패스트푸드와 주전부리를 입에 달고 살았다. 좋아하지도 않는 음식을 만들고, 포장하고, 배달한다면 그건 자신과 무관한 '돈만 버는 일'이 될 게 분명했고, 그렇게 만든 음식을 손님들이 외면하는 건 시간문제였다.

"10년 넘도록 생활 시설에서 단체 생활을 하며 살았는데, 늘 간절히 하고 싶었던 게 내 밥그릇과 국그릇, 반찬 그릇에 음식을 담아 밥상에 차려 놓고 먹는 거였어요. 오랫동안 식판에다 밥을 먹었기 때문에 상에 둘러앉아 밥 먹는 걸 무지 하고 싶었거든요. 그래서 저는 독립하자마자 상을 차려 텔레비전 앞에서 밥 먹는 것부터 했어요."

"막대 사탕에 중독된 지 몇 년 됐어요. 큰 통 하나를 며칠 만에 다 먹어요. 얼마 전부터 중독을 끊으려고 막대 사탕이 먹고 싶을 때면 탄산음료를 마시고 있어요."

"밥과 국을 놓는 자리가 따로 있어요? 그동안 생각해 본 적이 없어요. 밥을 왼쪽에, 국을 오른쪽에 놓는다는 건 오늘 처음 들었어요."

청소년·청년들의 식생활은 엉망이었다.

마침 그 무렵 전라북도 장수에서 열리는 '농촌인의 날' 행사에 초대를 받았다. 낮에는 평소 잡초라고 생각했던 산야초와 민들레 같은 풀을 뽑다가 즉석에서 요리를 해 먹는 워크숍에 참여했다. 우리는 풀 한 포기도 음식이 될 수 있고 심지어 맛도 훌륭하다는 사실에 모두 흥분했다. 저녁에는 요리 전문가와 함께 청소년·청년들의 식생활을 점검했다. 이들이 좋아하는 음식이 '정크 푸드' (쓰레기 음식)라는 점, 이 음식이 몸에 어떤 작용을 하는지뿐만 아니라 음식의 색과 영양소 등 처음 들어 보는 신세계 같은 이야기에 모두들 깜짝 놀라 당장 정크 푸드를 끊겠다는 약속을 남겼다.

서울로 돌아온 후 소풍가는 고양이의 밥상머리 교육이 시작됐다. 우리는 무슨 일이 있어도 모여서 밥을 해 먹기로 했다. 한참을 바쁘게 일한 뒤 우리 먹겠다고 밥상을 차리는 것은 참으로 귀찮은 일이었다. 일이 끝나는 게 아니라 다른 일의 시작 같아서 잠시도 쉬지 못하는 느낌이었다. 그렇다고 번번이 사 먹기에는 우리 월급이 턱없이 부족해서 해 먹는 편이 차라리 더 나았다. 무엇보다 정 크 푸드를 끊기로 하지 않았는가. 요리 실력이 썩 좋지는 않지만 처음엔 내가 주부 생활의 노하우로 밥상을 차렸다. 사 먹는 음식 의 화려함과 특이함보다는 집밥에 익숙해지게 하려는 의도였다. 다양한 식재료를 접하게 하려고 나도 처음 해 보는 생선찜에 도전 했다가 정말 혼쭐이 났던 기억이 난다. 그러다가 모든 구성원이 요 리하는 데 익숙해질 무렵부터는 다달이 일정 금액을 급식비로 책 정하고, 당번을 정해 돌아가며 밥상을 차렸다. 그리고 밥상이 차 려지면 모두 모일 때까지 기다렸다가 다 모이면 숟가락을 들었다.

좁은 공간이지만 어떻게든 끼어 앉아 밥을 먹으면서 대화가 끊 기지 않도록 이런저런 이야기를 나눴다. 솔직히 고백하자면, 주로 내가 떠든다. 오늘 몸과 마음의 상태는 어떤지, 오전 주문 소화는 어땠는지, 어젯밤은 어떻게 보냈는지, 오늘 밥상 메뉴의 콘셉트는 무엇인지, 오늘은 고두밥인지 된밥인지 등등 가족이 밥상에 모여 대화하듯이 늘 말을 걸었다. 때로는 밥을 먹으면서 중요한 의논을 하기도 한다.

그렇게 시작된 우리의 밥상 문화는 지금까지 이어지고 있다. 청 소년과 청년들의 입맛은 차츰 변해서 인스턴트 음식은 어쩌다 먹 는 음식으로 바뀌었다. 처음과 달라진 점이 있다면 이젠 체계가 생겼다는 거다. 처음 입사한 신입 구성원에게는 맨 먼저 모두의 밥상을 차리게 맡긴다. 본격적으로 요리를 배우기 전에 스스로 기 본적인 것을 배워 나가는 과정이다. 예산에 맞춰 메뉴를 짜고 시장에서 식재료를 사 오고 요리해서 10여 명의 밥상을 차리고 뒷정리와 설거지, 사용한 돈의 정산까지 맡긴다. 처음에는 서툴러서 정체불명의 음식이 나올 때도 있고, 반찬은 만들었는데 밥하는 걸 까먹어서 급히 라면으로 때울 때도 있다. 제일 어려운 점은 시간 내에 준비를 마치지 못해서 제시간에 밥 먹기 힘들 때가 있다는 건데, 그래도 계속하게 한다. 일상적으로 음식을 접하고 함께 밥 먹는 문화가 몸에 배도록 말이다.

구성원들은 밥상 차리는 법과 함께 밥 먹는 행위를 하찮게 여기지 않는 법을 배우고, 같이 일하는 동료의 입맛을 아는 것과 음식을 함께 먹으면서 자연스럽게 대화하는 것, 만든 음식에 대한 의견을 주고받는 것을 날마다 반복적으로 한다. 이때 가장 중요한 의사소통이 이루어지기도 하고, 의견을 모으기도 하고, 새로운 원칙을 정하기도 하고, 새로운 메뉴에 대한 아이디어를 자유롭게 떠올리기도 한다.

더불어 만드는 기술력을 향상하기 위해 꾸준히 요리 교육을 받았다. 전문가의 조언을 듣고, 새로운 메뉴를 개발하기 위해 전문 레스토랑의 셰프에게 실습을 받고, 유명한 기관의 단기 요리 수업이나 워크숍을 수강했다. 장사에 대한 공부와 시장 조사도 게을리하지 않았다. 경쟁 업체의 음식을 수시로 사 와 먹어 보며 우리 음식과 비교하는 건 물론이고, 그 과정에서 다른 가게의 서비스와 운영 시스템을 살펴보고 이야기를 나누었다. 포장 방법과 맛, 메뉴, 서비스, 돈 관리하는 법 등 다양한 것을 정신 바짝 차리고 배웠다.

그러면서 우리처럼 작은 가게가 음식 장사를 하려면 여러 가지를 한꺼번에 익혀야만 가능하다는 사실을 점차 이해하게 됐다. 음식 문화를 이해하는 것, 음식을 만들고 파는 기술을 익히는 것, 그리고 동료들과 협력하는 것이 동시에 병행되어야만 했다. 마치 공연으로 생계를 유지하는 음악 밴드가 무대에 오르는 것처럼 말이다. 모든 멤버는 생각하는 음악 스타일이 같아야 하고, 그걸 바탕으로 각 멤버는 자기가 맡은 역할에 충실해야 하며, 수많은 연습을 통해 합을 맞춘 뒤에야 비로소 무대에 올라 관객에게 훌륭한 연주를 들려주고 공연비를 받을 수 있다.

소풍가는 고양이의 일상은 음악 밴드가 정기 공연 하듯이 매일 여러 차례 무대에 오르는 것과 비슷하다. 그런 상황에서는 합주 연습을 따로 할 여유가 없기 때문에 실전과 연습의 경계를 넘나드는 환경과 체계가 필요하고, 언제든 일어날 수 있는 돌발 사태에 대한 준비와 순발력, 다양한 경험이 뒷받침되어야 한다. 이 모든 것에는 개인의 연주 실력이 괜찮아야 한다는 전제가 깔려 있다. 그런데 음악 밴드와 소풍가는 고양이의 차이점이라면 소풍가는 고양이는 악기를 다룰 줄 모르는 구성원과도 함께 하며 그의 연주 실력 향상까지 책임진다는 것이다. 이런 경우 대개는 분업 시스템을 설계한다. 배우고 가르치는 일, 만드는 일, 파는 일, 총감독하는 일을 따로따로 떼어 각자 맡은 일과 영역에 전념하는 식이다.

물론 우리도 한 사람이 성장하는 전체 과정과 성장 단계에 따라 맡는 일의 내용은 분업식이지만, 매일의 일상은 음식 문화를 익히

고, 음식을 만들고 파는 사람의 몸과 마음을 기르며, 팀워크를 다
지는 것이 분리되지 않고 통합적으로 연결되게끔 만들어 가고 있
다. 한마디로 똘똘 뭉쳐 일하는 방식인데, 나는 우리 같은 작은 가
게가 반드시 갖춰야 할 강점이 바로 이것이라고 생각한다.

이런 시간과 경험은 우리가 소풍가는 고양이의 위치를 잊지 않
게 만들었다. 요리사를 양성하는 학교가 아니고 음식을 만들어 파
는 가게라는 위치 말이다. 가격에 맞춰 팔 수 있는 음식을 만드는
것은 요리 재능을 키우는 교육적인 접근과 많이 다르기 때문이다.


## 우리만의 고집과 상식이 생기다


우리는 물건을 직접 만들고 직접 파는 사람들이다. 우리는 뭔가
를 만드는 사람이 갖춰야 하는 고집과 장사하는 사람이 지켜야 하
는 상식을 몇 년에 걸쳐 하나둘씩 배우고 습득했다. 우리는 맛있
는 음식을 공정한 과정으로 만들어 안심하고 먹을 수 있는 상품을
만들고, 그 대가로 공정한 값을 받으려고 노력한다. 미리 주문을
받아 필요한 재료만 사용하여 낭비를 줄인다. 그리고 함께 살아가
는 다른 회사들과 선의의 경쟁을 한다.

보리, 현미, 기장, 녹차, 서리태, 흑미, 톳 등 다양한 잡곡을 섞은
오늘의 건강밥은 기계로 찌지 않고 직접 불에 올린 압력 밥솥에다
가 주문에 맞춰 매번 새로 짓는다. 국내산 식재료를 매일 지역 재

래시장에서 사다가 5가지 제철 반찬(나물, 짠지, 전이나 달걀 반찬으로 구성)과 주요리를 만드는데, 천연 조미료를 사용하고 간은 심심하게 한다. 국내산을 구하기 어려운 식재료는 친환경 재료를 사용한다.

손님들이 손대지 않는 반찬은 애초에 넣지 않는다. 도시락 시장 조사를 하면서 가장 많이 버려지는 반찬이 김치라는 사실을 알게 됐다. 그 뒤로 손님이 원할 때가 아니면 김치를 넣지 않는다. 주요리는 조금씩 꾸준히 늘려 온 덕분에 20여 가지가 넘는다. 그리고 소금을 줄인 저염식을 기본으로 하며, 맛이 들쭉날쭉하면 신뢰가 떨어지므로 한결같은 맛을 유지하기 위해 모든 음식은 레시피로 정리하고 정확하게 만든다.

또한 우리가 도시락만 하는 가게라는 이미지를 벗고 새롭게 선보인 것이 바로 '다과'다. 한식을 중심으로 한다는 우리의 소신을 담아 밀가루를 사용하지 않고 쌀가루와 찹쌀가루, 콩가루 등 국내산 곡물 가루로 만든 달지 않은 다양한 수제 과자류와 음료, 든든한 요깃거리가 있다.

우리가 만드는 음식에는 많은 이야기가 담겨 있다. 그중 '허브 닭구이' 메뉴는 소풍가는 고양이의 자랑이다. 칼 잡는 법조차 몰랐던 쫑이 소풍가는 고양이의 어엿한 요리사가 되어 개발한 첫 메뉴이기 때문이다. 쫑은 처음에 음악을 하고 싶어 했지만 점점 셰프를 꿈꾸기 시작했다. 새로운 메뉴를 개발하기 위해 선배 사회적 기업인 오요리아시아[1]의 셰프에게 요리를 배운 것이 계기가 됐다. 쫑은 서양 요리 셰프가 되고 싶어 했고, 틈틈이 집에서 혼자 공부했다.

그러던 어느 날, 쫑이 말했다.

"신메뉴를 선보인 게 오래된 것 같지 않아요? 손님들이 지겨워할 것 같은데……. 우리 메뉴에 닭고기 요리가 부족한데 만들어 보면 어떨까요?"

"오! 드디어 이런 날이 오는 건가요? (웃음) 쫑이 만들어 보겠다는 거죠? 메뉴 개발비를 책정할 테니 한번 해 봐요."

쫑이 이 일을 시작한 지 5년 만에 이루어진 감개무량한 일이었다. 쫑은 곧바로 신메뉴 개발에 들어갔다. 소풍가는 고양이의 메뉴가 되려면 손님층, 가격에 알맞은 식재료비와 재료 선정, 정확한 레시피와 대량 주문을 소화할 수 있는 조리법, 도시락에 담았을 때의 모양새까지 모두 완벽해야 한다. 우리는 몇 차례 품평회를 거쳐 조언과 검증을 하며 쫑이 모든 과정을 제대로 하나하나 밟아 나갈 수 있도록 도왔다.

그리고 드디어 '허브닭구이'를 소풍가는 고양이의 정식 메뉴로 올렸다. 이 메뉴는 소풍가는 고양이를 창업하고 이곳에서 요리를 배우고 장사하면서 우리의 손님을 누구보다 잘 아는 구성원이

---

1) (주)오요리아시아는 아시아 빈곤 여성과 청소년의 사회 경제적 자립을 돕는 사회적 기업으로 스패니시 레스토랑 '떼레노', 네팔 카트만두에 카페 '미띠니', 서울여성플라자 연수/연회/웨딩을 위탁 운영하고 있다.

만든, 어디에서도 맛볼 수 없는 소중하고 귀한 요리다. 물론 반응도 좋아서 손님들이 자주 찾는 인기 메뉴가 됐다.

우리의 음식에 담긴 또 다른 이야기는 손님들이다. 창업 5년 차로 접어들자 '1만 시간의 법칙'처럼 우리도 지금 수준에서 벗어나야 한다는 걸 자각했다. 아마추어 수준에서 벗어나지 않으면 고만고만한 가게가 될 게 뻔했고, 그것은 우리의 미래와도 직결되는 일이었다. 무엇이 부족한지, 손님들은 무엇을 원하는지, 어떤 이미지를 갖고 있는지 알아야 했다. 나는 용기를 내어 단골손님과 주문이 뜸해진 손님들에게 연락을 시도했는데, 모두들 흔쾌히 허락해 주어 인터뷰를 했다.[2]

배달과 수거로 낯익은 30대 초반의 김신영 씨는 교육 사업과 자문 회의가 많은 회사의 특성상 음식을 준비하는 일이 잦았다. 소풍가는 고양이는 동료의 추천으로 알게 되었다.

"추천을 받고 인터넷으로 직접 찾아본 것 같아요. 청소년·청년들과 창업한 회사라는 취지도 좋고, 일회용품도 안 쓰고, 맛도 괜찮고, 건강식이라고 해서 주문했는데, 정말 괜찮아서 자주 이용하게 됐어요."

"다른 곳도 자주 이용할 텐데, 어디에 주문할지 결정하는 기준은 뭔가요?"

---

2) 인터뷰 내용은 개인의 신원을 보호하기 위해 가명을 쓰고, 여러 손님의 이야기를 한 사람의 이야기로 합쳐 재구성했다.

"제일 큰 기준은 예산이에요. 예산에 맞춰 결정하죠. 소풍가는 고양이 도시락은 비싼 편이 아니에요. 더 비싼 곳도 있는데 그런 곳은 직위가 높은 분들이 참석하는 행사나 회의 때 이용해요. 소풍가는 고양이는 사람들이 많이 오는 큰 행사 때 주문하고요. 예산이 적게 책정된 자리에는 저렴한 도시락을 주문하는데 그 업체 음식을 썩 좋아하진 않아요."

"저희 음식이 지닌 색깔이 있나 봐요."

"소풍가는 고양이의 색깔이 느껴져요. 확실하게. 아기자기하고 여성적이에요. 맛이 심심하고 자극적이지 않아서 건강하고 정갈한 집밥 같은 느낌이죠. 맛있어요."

"이런 이야기를 직접 들으니 조금 부끄럽네요. (웃음) 고맙습니다. 그런데 그동안 불편한 점은 없었나요? 다른 곳과 달리 배달과 수거 때문에 두 번씩 연락을 하잖아요. 그런 점이 불편할 수 있을 것 같아요."

"그건 불편하지 않아요. 다만 다른 큰 업체들보다 체계적이지 않은 느낌은 들어요. 저 개인적으로는 그냥 신뢰를 바탕으로 요청하는 것에 대해 약간의 불편함, 부담감이 있었거든요. 물론 요청하면 다 해 주지만, 오히려 먼저 체계적으로 갖춰져 있으면 주문하는 사람도 부담감이 덜하지 않을까 싶더라고요. 왠지 음식에 대해서 불평하면 안 될 것 같고, 함께해야 할 것 같은 그런 마음이 들거든요. 소풍가는 고양이에서 추구하는 가치를 함께 지향해 줘야 할 것 같은 그런 거요. (웃음) 그렇지만 소풍가는 고양이를 잘 모르는 소비자 처지에서 보면 그런 점이 조금 불편할 수 있을 것 같아요. 그리고 가끔 배달 오는 청년들이 서비스 정신이 투철하거나 표정이 밝거나 그렇지는 않은 것 같아요. 저희는 알고 있으니까 대수롭지 않은데, 이런 점도 만약 소풍가는 고양이의 가치를 모르는 곳에 배달을 간다면 이상하다고 여길 것 같아요."

"이해됩니다. 우리 회사를 잘 알기 때문에 소비자 처지에서 편하게 이용할 수 없는 면도 있겠어요. 가치도 중요하지만 편하게 주문할 수 있는 것도 중요하죠. 그런 점은 개선해 나갈게요."

인터뷰를 마치고 돌아오면서 나는 사회적 경제에서 맺은 손님과의 관계는 결이 무척 다르다는 생각을 했다. 소풍가는 고양이를 이용하는 손님들은 참 다양하지만 적어도 자신의 편리와 유익함을 극대화하려는 일반적인 소비자는 아니다. 착한 경제나 윤리적 소비가 이윤을 위해 몸집을 늘리고 체계를 단단하게 만드는 새로운 자본주의 시장 경제의 본질을 바꿀 수는 없을 것이다. 그러나 이렇게 소비자와 생산자가 거래 관계를 넘어서 상호적인 관계를 맺을 수 있다면 살 만하지 않은가. 그러려면 우리도 손님들의 이야기에 귀 기울이고 분별력을 갖춰야 한다.

손님들은 음식의 맛에는 자부심을 느껴도 될 만큼 좋다는 평을 했다. 하지만 서비스 면에서는 약간 부족하다는 의견을 주었다. 주문 접수, 포장, 배달, 사후 처리 등의 서비스 영역은 음식 맛을 돋보이게 하는 다른 부분이다. 음식과 서비스, 이 두 가지가 결합할 때 비로소 만족스러운 상품이 된다. 전문가에게 교육과 조언을 받으면서 우리는 모이기만 하면 머리를 맞대고 부족한 점을 개선할 수 있는 방법을 찾았다. 점점 더 우리가 하는 일을 잘 해내고 싶었다. 그래야만 하는 이유가 너무 많았다.


## 장사를 업으로 하는 사람들

가게를 시작하고 2년쯤 지났을까. 아직 장사가 불안하기만 하던 어느 날 조리를 담당하는 단미가 말했다.

"평생 부엌데기로 일하게 될까 봐 두려워요."

사실 그때의 나도 마찬가지였다. 나는 포장과 배달 업무를 맡고 있었는데, 가끔 이러다 평생 배달하는 사람으로 사는 게 아닐까 한편으로 두려운 마음이 들었다. 누군가에게 넘기고 싶지만 배달을 떠안는 사람 역시 이런 두려움을 느낀다면 그것은 결국 악순환일 뿐이다.

"아줌마, 어디 온 거예요? 여기에 주차하면 안 돼요."

"안녕하세요? 이 건물 2층에 도시락 배달 왔어요. 10분이면 되는데 잠깐만 여기에 주차하면 안 될까요? 도시락만 배달하고 바로 나올 거예요. 부탁드려요."

음식을 배달할 때의 나는 '배달부'였다. 내가 늘 상대해야 하는 사람은 건물 관리인이었다. 단골손님의 주문을 배달하다 보면 대체로 나이 지긋한 건물 관리인과 눈인사를 할 정도로 들락날락하게 된다. 마흔 살 넘은 나도 배달부라는 사회적 위치 앞에서 움찔하고 미래에 대한 불안에 사로잡히는데, 단미처럼 자신의 평생 진로를 고민하는 20대는 오죽할까 싶었다.

지금도 어디서 소풍가는 고양이의 사례를 발표하면 "거기 있는 청소년과 청년들은 나중에 셰프가 되나요?"라고 묻는 사람들이 많다. 우리 회사가 '자본'의 부족으로 밑바닥에 있는 10대와 20대 청소년·청년들을 위한 학교 같은 일터이다 보니 많이 궁금해하는 지점이다. 그러나 이 질문은 "그럼 개천에서 용이 나는 건가요?"라는 뜻과 다르지 않아 답하기 어려운 질문이기도 하다. 외식업에서 셰프의 존재는 독보적이다. 셰프의 등장으로 음식 만드는 일이 재능과 지식을 토대로 한 전문 영역이라는 인식이 확산된 것도 사실이다. 하지만 먹방 트렌드와 세계화의 결과로 셰프라는 직업은 경제학에서 말하는 소득 분배의 '슈퍼스타 이론'이 적용되는 분야이기도 하다. 슈퍼스타 이론이란 같은 분야에 종사하는 사람들 가운데 최상층부의 슈퍼스타에게만 소득이 집중되는 현상을 가리킨다.

경제학자 류동민은 슈퍼스타 현상이 생겨나는 이유를 "그 산업이나 직종에서 몇 안 되는 슈퍼스타들만으로도 수요를 충족시킬 수 있기 때문"이라고 설명한다. 그래서 누구나 슈퍼스타가 될 수 있는 환경이 갖추어졌지만, 그렇다고 누구나 슈퍼스타가 될 수 없는 지독한 불평등이 존재한다는 것이다.[3] 결국 셰프라는 고급 직업군이 하나 생긴 것일 뿐, 외식업에서 노동하는 사람들에 대한 사회적 인식과 외식업 종사자의 품격이 높아진 건 아니다. 실제로 외식업에는 턱없이 낮은 임금을 받으며 높은 강도로 장시간 노동하는 '주방 아줌마'라는 직업이 존재한다. 단미가 부엌데기로 표현한 주방 아줌마와 셰프 사이에는 질적으로 큰 차이가 있다.

나는 주변을 둘러보았다. 우리가 어디에 서 있는지 궁금했고 앞으로 펼쳐질 우리의 미래가 어떤 모습일지 알고 싶었다. 우리가 날마다 얼굴 맞대고 살아가는 이웃 중에 셰프는 없었고, 작은 가게를 운영하는 개인 사업자들이 전부였다. 한적한 동네 길가에 위치한 우리 가게는 백반집과 기사 식당 가운데에 있었다. 기사 식당 옆으로는 초밥집과 소머리국밥집이 나란히 이어졌고, 우리 가게 뒷집은 오래된 작은 두부 가게였다. 줄줄이 이어진 가게들 사이에서 기사 식당과 소머리국밥집, 두부 가게 사장님이 그곳에서 가장 오래 장사한 터줏대감이었다. 백반집과 우리 가게는 새로 합류한 새내기였고, 초밥집 자리는 장사가 잘 안 돼서 가게가 자주 바뀌었다.

나는 4년을 이곳에서 장사하면서 사장님들의 성향을 파악할 수 있었다. 백반집, 기사 식당, 소머리국밥집 사장님은 인색했다. 자기들 장사에 조금이라도 방해가 되거나 손해를 끼치는 사람이 있으면 시도 때도 없이 언성을 높여 싸웠다. 그것이 무엇이든 한

3) 류동민, 『일하기 전엔 몰랐던 것들』, 웅진지식하우스, 2013, 258~259쪽.

치의 양보도 없었다. 실패의 책임을 스스로 부담해야 하는 개인 사업자의 무한 경쟁은 인색한 이웃의 얼굴로 나타났다.

그나마 숨통이 트인 건 뒷집 두부 가게 사장님 덕분이었다. 두부를 직접 만들고 배달하는 50대의 사장님은 새벽부터 밤늦게까지 성실하게 일했는데, 이 일을 얼마나 오랫동안 해 왔는지 벌써 허리가 굽었다. 사장님은 언제나 온화하고 너그러운 표정이었다. 우리는 단 한 번도 그분의 찌푸린 얼굴을 본 적이 없었다. 사장님은 말이 별로 없는 과묵한 성격이었지만 두부 한 모를 사러 가도 반겨 주었다. 동네에서 누구와도 싸우지 않았는데, 묻지도 따지지도 않고 늘 먼저 양보했기 때문이다.

사거리 저쪽에는 동네부엌이 있다. 동네부엌은 요리 선생님이 운영하는 성미산 마을의 대표적인 유기농 반찬 가게다. 이곳에서 10여 년 동안 동네 사람들의 반찬을 만들어 온 이는 '대장금'[4]이다. 연세가 많은 대장금의 손맛에는 '오랜 경험'에 따른 숙련 장인의 노련함이 배어 있다. 소풍가는 고양이의 구성원에게 대장금은 든든한 언덕이었다. 식재료가 떨어져서 급히 필요할 때, 요리하다가 궁금한 점이 생겼을 때, 음식 맛에 확신이 서지 않을 때, 조리 도구가 모자랄 때, 우리가 먹을 밥 차리기가 귀찮을 때, 그것이 무엇이든 소풍가는 고양이 구성원들은 창업할 때부터 지금껏 한결같이 대장금에게 달려가 도움을 청하고 마음껏 어리광

---

4) 성미산 마을 주민들도 서로 별명을 부른다.

을 부렸다. 그럴 때마다 대장금은 너그러운 할머니의 미소로 "잘 한다.", "고생한다." 격려하며 단 한 번도 우리를 귀찮아하지 않았다. 대장금은 누구보다 외식업의 노동 강도를 잘 알고 있었다. 그런 고생스러운 노동을 하는 우리를 대견해하는 한편으로 안쓰러워했다.

2014년 겨울, 동네부엌과 소풍가는 고양이는 자리를 옮겼다. 길가를 벗어나 동네 깊숙이 자리 잡은 지금 위치로 나란히 이사하고 이웃 가게가 됐다. 우리가 가게를 옮긴 데에는 여러 가지 사정이 있었지만 대장금 옆이라는 점이 한몫했다. 그렇지만 '대장금처럼 되고 싶다.'에는 미치지 못했다. 대장금의 직업은 '주방 아줌마'였기 때문이다.

둘러보면 볼수록 우리가 서 있는 위치는 분명했다. 두부 가게 사장님과 대장금은 평생 한 우물만 파며 성실하게 일했고 또 존경할 만큼 훌륭한 인품을 지녔다. 하지만 두부 가게 사장님의 굽어버린 허리와 허름하고 오래된 두부 가게, 그리고 셰프로 불리지 못하는 대장금의 현재 모습은 그저 고생길의 연속을 의미했다. 시간이 흐를수록 우리의 '업'은 무엇이며 우리가 하는 일에 대한 자부심과 품위는 어떻게 생기는 것인지 나는 혼란스러운 고민에 빠졌고, 구성원들에 대한 걱정이 사라지지 않았다.

몇 년 사이 단미는 소풍가는 고양이를 떠났고, 가게 살림살이는 조금씩 나아지기 시작했고, 좋은 셰프가 되기를 희망했다. 그래도 고민과 걱정은 줄어들지 않았고 머릿속에는 자꾸 이런 질문이 떠올랐다. '셰프에 버금가는 사회적 위치를 얻으려면 어떻게 해야 할까?' 이런 질문은 지금의 위치를 벗어나자는 성공 신화를 부추긴다. 그래서 개인이 자기 한계를 뛰어넘기 위해 능력을 쌓아서 자신을 탈바꿈해야 하는 무한 경쟁의 게임 속으로 들어가게 한다. 이것이 개천에서 용이 나는 원리인데, 지금 사회에서 이 게임은 자본이 없으면 이길 수 없다.

이런 사회 문제 때문에 소풍가는 고양이를 시작했는데, 어느새 나는 그 문제의 시작점에 다시 서 있었던 것이다. 생각을 고쳐먹고 질문을 바꿨다. 우리가 서 있는 위치를 조금이라도 나아지게 하려면 어떻게 해야 할까?

질문을 바꾸니 두부 가게 사장님과 대장금이 사회적인 위치 따위에 압도되지 않고 묵묵히 일궈 온, 품위를 잃지 않은 시간들이 눈에 들어왔다. 그리고 주변을 다시 돌아보니 그런 상인들이 보였다. 지금의 위치를 벗어나려고 애쓸 게 아니라 나와 비슷한 위치에 서 있는 다른 사람들과 함께 만들어 가는 방법을 고민해야 했다. 나는 어리둥절해하는 구성원들을 설득해 일을 꾸몄다. 일명 '지역에서 사랑받는 가게 되기'.

맨 먼저 한 일은 2016년 봄 지역 상인들에게 '감사장'을 전달하는 소박한 행사였다. 소풍가는 고양이는 대형 마트나 대기업이 운영하는 식재료 유통 업체를 이용하지 않고 매일매일 지역 재래시장(망원동 월드컵시장)에서 식재료를 사 온다. 총각네쌀가게(쌀가게), 부부야채(채소 가게), 남도청과(과일 가게), 토종한우(정육 가

게), 동명상회(식가공품 가게)는 우리가 장사를 시작한 뒤로 꾸준
히 거래해 온 단골 가게들이다. 우리는 그분들을 일일이 찾아가
그동안 애쓰고 수고해 주신 숨은 공로에 감사하는 작은 상장과 그
분들의 가게에서 사 온 식재료로 요리한 도시락을 선물했다. 그분
들은 "이런 상은 처음 받아 봐요. 뿌듯하네요."라며 무척 기뻐했
고, 우리도 이런 작은 변화가 신기하고 아주 기분 좋았다.

그다음에 한 일은 같은 해 10월에 치러진 대장금의 은퇴식이었
다. 소풍가는 고양이 구성원들은 대장금의 은퇴식 준비에 적극 참
여했다. 대장금의 은퇴식은 소박하면서도 특별한 잔치였다. 동네

주민 50여 명과 함께 십시일반으로 금반지와 편지, 음식을 마련해 13년 동안 동네부엌을 지켜 온 대장금에게 감사의 마음을 전했다. 눈물 바람으로 끝맺은 대장금의 은퇴식은 주방 아줌마라는 직업 자체에 깊은 존경을 담은 작은 잔치였다. 아직 시작에 불과하지만 우리가 서 있는 위치를 조금씩 나아지게 하는 것은 '한배를 탄 사람들'과 일상에서 맺는 관계의 의미를 변화시키는 일이었으며, 그것은 모두에게 무척 행복하고 뜻깊은 경험이었다.

그 후 나는 청소년·청년 구성원들에게 우리가 하는 일을 있는 그대로 담담하게 설명하고 직업적으로 무엇이 될 수 있다, 무엇이 되어야 한다는 말을 하지 않게 되었다(물론 무엇이 되겠다는 구성원에게는 적극적인 지원을 아끼지 않는다). 대신 오늘 하는 일에 집중하고, 지금 부족한 점을 앞으로 더 잘 해내려는 사람이 지녀야 하는 욕심과 장사하는 사람이 지켜야 하는 상도덕을 많이 이야기한다.

고마운 상인분들께
감사장 드리기.

존경하는
대장금의 은퇴식

단골손님들께 팝콘 선물

# 노동의
# 희로애락

'정직한 직장'이란 고통스러운 진실을
이야기해 줌으로써
그들이 그것에 대비할 수 있게 해 주는 조직을
의미한다.
결국 그것이 '근로자들을
성인으로 대우하는' 것이다.

－조안 B. 시울라, 『일의 발견』 중에서

## 괜찮은 노동의 모습을 찾아서

가난과 불평등을 벗어날 수 있는 확실한 길은 '일자리'(임금 노동)라고 누구나 말하고 또 믿는다. 국민 대다수가 월급에 의존해서 살아가기 때문이다. 통계청의 '2017년 6월 경제 활동 인구 조사'에 따르면 임금 노동자는 전체 경제 활동 인구의 70퍼센트로 압도적인 비중을 차지한다.

그런데 우리나라의 저임금 노동자 비율은 경제 협력 개발 기구(OECD) 국가 중 아일랜드와 미국에 이어 세 번째로 높다. 저임금 노동자는 임금 노동자 4명 중 1명꼴로 나타났으며, 2014년 기준으로 시간당 임금이 6,712원(월 임금으로 환산하면 약 140만 원)에 불과했다. 한국통계학계가 분석한 2014년 기준에 따르면 '1인 가구 월평균 생계비'는 155만 원인데 이것은 주거비 36만 원, 식비 33만 원, 각종 공과금 25만 원 등으로 계산한 결과다. 저임금일 때 딱 15만 원만큼 모자란다.

『불평등을 넘어』의 저자 앤서니 B. 앳킨슨은 "빈곤선 위로 올라서도록 뒷받침하는 데 충분한 임금을 주어야 그 일자리를 얻은 이들이 가난에서 탈출할 수 있다. 그러나 일을 하는데도 가난한 것은 심각한 문제"라고 말하면서 "우리는 임금에 대해서 무언가를 해야만 한다. 소득 분배의 관점에서 의미 있는 지표는 시간당 근로 소득이 아니라 몇 시간이나 일하느냐에 따라 달라지는 주간 또는 월간 근로 소득이라는 사실을 분명히 알 수 있다."고 덧붙였다.[1] 청소년과 청년들이 노동 강도가 세고 노동 시간이 길어도 개의치 않고 월급이 많은 일터를 선택하는 이유가 이해되는 대목이다.

지금 청소년과 청년들은 부모보다 더 나은 삶을 살기 어려운 세대라고 일컬어지고 있는 만큼 찬밥 더운밥을 가릴 처지가 아니다. 일자리를 원하는 모두에게 일자리를 보장하는 '기회의 평등'은 이미 힘을 잃고 초라한 말이 된 지 오래다. 그러다 보니 취업률이 바닥을 치면 칠수록 "아무것도 하지 않는 것보다 나쁜 일자리라도 다니는 게 낫다."는 말이 점점 더 설득력을 얻는다. 고용하려는 일터보다 취업하려는 사람이 많으면 많을수록 수요 공급의 법칙에 따라 노동 가치는 떨어지기 마련이고, 특히 기술도 학력도 부

1) 앤서니 B. 앳킨슨, 『불평등을 넘어』, 장경덕 옮김, 글항아리, 2015, 209·211쪽.

족한 청소년과 청년들은 헐값 노동에 노출될 수밖에 없다.

서울시 연구 자료에 따르면 서울시에 거주하는 만 18~29세의 청년 100명을 기준으로 했을 때 78명이 졸업 이후 취업(일주일 이상 아르바이트 경험 포함) 경험이 있는데 이 가운데 정규직 형태는 5명에 불과했고 나머지 55명은 비정규직, 15명은 일용직이었다. 심지어 정규직 중에서 만 18~19세 청년은 0퍼센트, 만 20~24세는 4.8퍼센트였다.[2] '비정규직'이라는 말은 우리나라에만 있는 신조어라고 한다. 정규직 노동자는 회사에 정식으로 고용되어 일정 기간 동안 고용이 보장되고 부당한 해고로부터 보호받지만, 비정규직 노동자는 단기간 계약을 하고 고용주가 고용 기간을 정하기 때문에 언제 해고될지 몰라 미래가 불투명하고 안전하지 않다. 그래서 비정규직은 나쁜 일자리의 기준이 되었다.

일자리의 질을 높이는 것은 일자리가 많아진 다음에 해결해야 하는 두 번째 과제가 아니다. 일이란 삶의 질을 높이는 수단이기 때문에 질 낮은 일자리는 또 다른 사회 문제를 낳는 씨앗이 된다. 몇 년 전부터 언론에서 보도하고 있는 특성화 고등학교 현장 실습생과 비정규직 청년들의 안타까운 죽음과 사고가 어쩌다 운이 나빠서 일어난 일이 아닌 것처럼 말이다.

"안산에 있는 제조업 공장이었어요. 허허벌판에 공장밖에 없어서 교통편이 좋지 않고 오가는 시간이 정말 많이 걸렸어요. 기

---

2) 정병순·김태욱, 『청년활동지원사업 운영모델 구축방안』, 서울연구원, 2016, 57쪽.

본적으로 일주일에 6일을 근무하는데 평일은 오전 8시 반부터 밤 11시까지, 토요일은 오전 8시 반부터 저녁 6시까지 일한대요. 월급은 수습 3개월 동안 150만 원이고, 수습이 끝나면 다시 월급을 결정한다더라고요. 하는 동안 기술은 잘 가르쳐 주겠다고 했지만 그렇게 일하면서 어떻게 살아요. 저는 못해요."

휴게 시간을 빼면 주 77시간 노동이니 살인적인 강도였다. 소풍가는 고양이에서 1년 동안 일했던 두리는 어머니의 성화에 못 이겨 공장 면접을 보고 온 적이 있었다. 소풍가는 고양이에서 일하는 걸 못마땅하게 여긴 어머니는 두리에게 공장에 취업해서 기술을 배워 두면 평생 먹고살 걱정이 없다고 했다. 물론 두리는 면접을 보고 온 뒤 어머니에게 다시는 공장 이야기를 꺼내지 마시라고 으름장을 놓았단다.

나는 청소년과 청년들을 만날 기회가 생길 때면 노동 환경에 대한 정보를 꼭 수집한다. 그래서 퇴사한 옛 구성원이 놀러 오면 어떤 환경에서 일하는지 빼먹지 않고 물었다. 군대 가기 전에 6개월 동안 아르바이트했던 매미는 사장이 다른 아르바이트생을 자르고 자신의 시간당 급여를 올려 주기로 했다는 이야기를 들려주었다. 시급이 올라가는 대신 일의 양이 많아질 테지만, 아르바이트라서 자신에게는 선택권이 없다고 했다.

가족의 생계를 책임져야 하기 때문에 월급이 많은 곳에서 일할 수밖에 없는 또 다른 옛 구성원은 3년 동안 일주일에 6일을 매일 12시간씩 일하면서 한 달 급여로 180만 원을 받았다고 전해 왔다.

일주일에 딱 하루 쉬는 일요일 저녁에도 월요일 장사 준비를 하느라 출근했기 때문에 마음 편히 쉰 적이 없었다. 하지만 그곳에서 실력을 다진 덕분에 이제는 온전히 쉬는 하루를 보장해 주는 일터로 옮긴다고 했다. 월급은 230만 원이었다. 계산기를 두드려 보니 최저 임금에도 못 미치는 월급이었지만 그에게는 총액과 휴일이 중요했다. 노동의 세계는 우리에게 생활 수준과 자존감을 높이는 기회를 제공하기도 하지만 우리를 빈곤과 위험에 노출시켜 불행의 나락으로 떨어뜨릴 수도 있는 양날의 칼이다.

그렇다면 괜찮은 노동의 모습은 어떠해야 할까? 괜찮은 노동이 괜찮은 삶을 일구는 수단이 되려면 어떻게 해야 할까? 대부분의 청소년·청년 구성원은 소풍가는 고양이가 생애 첫 직장이다. 아주 오래전 한 지인은 내게 소풍가는 고양이에서 좋은 조건으로 일하던 구성원들이 직장을 옮겼을 때 사회에 적응하지 못할까 봐 걱정된다는 이야기를 한 적이 있다. 그러나 나는 생각이 달랐다. 앞으로 이들이 어디에서 어떻게 살든 모두가 고르게 잘사는 방법을 고민하고 실천하는 경험은 가장 큰 자산이 되어주리라고 믿는다. 그래서 우리는 문제를 해결하기 전에 반드시 무엇이 문제인지 분석하고 평가하며 의견을 나누는 과정을 거쳐 가장 좋은 결정을 내리려고 노력했다.

노동 환경과 관련해 우리가 중점적으로 고민한 것은 임금, 노동 시간, 노동 강도, 안전, 이 네 가지였다. 안전은 소속감을 원하는 이들이 일에 몰입하게 하는 매우 중요한 조건이어서 소풍가는 고양이의 모든 구성원은 무조건 정규직으로 입사한다.

제일 고민스러운 문제는 임금이었다. 우리가 하고 있는 외식업은 저임금 노동군에 들어가기 때문이다. 소풍가는 고양이 구성원들이 장사해서 돈 버는 목적은 분명했다. 우리 자신의 생계비와 회사를 지키는 비용을 벌어 생활과 회사를 안정시키는 것이 일 순위였다. 그러려면 도대체 얼마나 벌어야 할까? 외식업처럼 몸노동 중심의 업종은 많이 일해야 많이 버는 구조이기 때문에 노동 시간과 노동 강도, 그리고 휴식의 적절한 균형이라는 문제를 함께 풀어야 했다. 처음에 가게 문을 열었을 때만 해도 장사에 드는 비용을 빼고 남는 돈은 고스란히 나눠 갖게 될 줄 알고 다들 기대가 컸다. 하지만 그런 분배는 고사하고 나갈 돈을 다 떼면 월급도 모자랐다.

주식회사로 독립한 뒤 창업자 5명끼리 1년 넘게 가게를 운영하는 동안 우리는 서로 "이러다 과로사할 것 같다."는 씁쓸한 농담을 던질 정도로 일했다. 가게 문을 여는 아침 10시부터 문을 닫는 저녁 8시까지 일하는 건 당연했고, 앞뒤로 한두 시간씩 준비와 마무리하는 시간까지 더해져 하루 12시간씩 쉼없이 일했다. 그런 정도는 주인이니까 당연히 감수해야 하는 줄 알았다. 그러나 너무 고됐다. 돈을 적게 벌자니 생존이 어려웠고, 주야장천 돈을 벌자니 노동 시간이 너무 길고 일의 양이 너무 많아 힘들었다.

회사를 흥하게 하는 것도 망하게 하는 것도 우리 손에 달렸을 뿐 아니라 개인의 생존이 곧 모두의 생존과 연결되어 있다는 사실을 깨닫는 데는 오랜 시간이 걸리지 않았다. 나아가기도 물러서기도 어려운 처지에 놓인 것이다. 돈벌이는 수단에 불과하다지만 그때 우리에게는 전부였다.

어느 날, 주문 양이 워낙 많아서 나와 홍아 둘이 빈 그릇을 수거하러 갔을 때였다. 한쪽 구석에 엉망으로 놓여 있는 그릇과 수저, 음식물 쓰레기 따위를 묵묵히 정리하던 홍아가 말했다.

"이번 달엔 돈을 많이 벌었으면 좋겠어요. 우리가 이렇게 고생하는데 돈 걱정 없으면 좋잖아요."

나는 그릇을 챙기다가 문득 생각이 많아졌다. 머릿속으로 질문이 이어졌다. 정직하게 노력한 만큼 정당한 대가를 받는 것이 우리 사회의 상식일 텐데, 우리는 지금 노력한 '만큼' 돈을 벌고 있는 것일까 아니면 노력에 견주어 적게 버는 것일까? 아니면 우리의 목표가 실력에 견주어 과하기 때문에 '적다'고 느끼는 것일까? 만약 그렇다면 부족한 노력을 채우고 과한 목표를 낮추면 될 것이다. 아니면 노력에 견주어 많이 버는 것일까? 만약 노력에 견주어 대가가 과하다면 겸손을 배우고 나누면 될 것이다.

그러나 만약 상식이 통하지 않는 거라면? 그걸 우리는 어떻게 알아챌 수 있을까? 눈에 보이지 않는 수많은 '노력'과 그에 따른 정당한 '대가'를 우리는 제대로 알고 있는 걸까? 스물한 살. 자신의 일터를 직접 만들고 운영하는 소풍가는 고양이의 창업자 중 한 명인 홍아가 그동안 겪은 '세상'은 어떤 상식이 통하는 사회일까……. 구성원들이 일하는 양과 시간에 비해 보람을 얻지 못할까 봐 나는 늘 답 없는 질문을 던지며 곤혹스러워했다.

돈도 돈이지만 노동이 너무 과해서 모두 다 쓰러지기 전에 우리 특성에 맞는 해결책을 찾아야 했다. 덜 일하고 적절하게 돈 버는 방법이 있긴 할까 싶었지만, 일단 노동 시간을 6시간으로 줄여 보기로 했다. 노동 시간을 줄이는 건 노동 강도를 낮추고 적절한 휴식을 제공하는 효과가 있었다. 우리가 하는 모든 일은 몸으로 해야 하는데, 단체 주문을 소화하려다 보니 사용하는 모든 장비가 크고 무거웠다. 밥 하나만 보더라도 5킬로그램쯤 되는 압력 밥솥에 쌀 4킬로그램을 안치고 밥물을 잡으면 얼추 10킬로그램이 되는데, 그런 밥솥을 하루에 몇 번씩 올렸다 내렸다를 반복하며 밥을 지었다. 아직 노동의 굳은살이 박이지 않고 집중력이 높지 않은 구성원들은 6시간 노동을 만족스러워했다. 특히 노동에 두려움이 많은 이들에게 적은 노동은 '할 만하다'는 자신감을 불어넣어 주었다.

하지만 뭐니 뭐니 해도 노동의 대가는 월급이 아니던가. 온갖 책을 다 뒤졌지만 반드시 얼마여야 한다는 기준은 없었다. 우리가 알아서 하면 되는데, 긴 시간을 일해야 임금 총액이 높아지는 원리였다. 우리가 흔히 말하는 '노동'은 '노동력'을 뜻한다. 노동력은 회사(자본가)와 개인(노동자)이 합의한 값으로 사고파는 일종의 상품이기도 하고 서로 필요한 것을 주고받는 교환이기도 하다.

회사는 노동력을 사고 개인은 노동력을 팔기 때문에 둘 사이의 입장은 같을 수 없다. 파는 사람(노동자)은 생계를 위한 수입이기 때문에 가능한 한 적게 일하고 임금을 많이 받길 원하며, 회사(자본가)는 지출하는 비용이기 때문에 가능한 한 많이 일하게 하고 임금이 적게 나가길 원한다. 그러니까 업무와 경력에 따라 측정한 노동력의 가치를 돈과 교환하는 '시장 가격'이 있을 뿐이었다. 노동력을 헐값에 사용하지 않도록 법적으로 정한 '시간당 최저 임금'은 꼭 지켜야 했다. 그런데 조금 과장해서 표현하면 최저 임금은 딱 죽지 않을 만큼, 목숨을 유지할 정도의 돈이었다.

현실적으로 지금 형편에서 6시간 일하고 8시간 임금을 받는 건 꿈도 꿀 수 없었고 최저 임금은 생활하기에 턱없이 부족했다. 결국 전체 구성원들은 우리 처지에 맞는 월급을 정했다. 가장 급한 구성원의 생계비를 기준(임대 주택에 사는 1인 독립 생활자의 생활비) 삼아 어른과 청소년·청년 구분 없이 동일 임금, 동일 노동 시간(6시간)을 적용했다. 우리끼리는 '기본 소득'이라고 불렀다. 노동을 한 대가로 받기 때문에 진짜 기본 소득[3]의 개념과는 동떨어졌지만, 1인 독립 생활자가 기본적인 생활을 하는 데 필요한 소득이라는 의미를 담았다.

그런데 점차 의문이 생겼다. 구성원마다 처지가 다르기 때문에 스스로 감당해야 하는 경제적인 문제가 많고 적음에 따라 누구는 이보다 많아야 했고 누구는 이 정도면 괜찮았다. 또한 책임의 범

---

3) 재산이나 노동의 유무와 상관없이 국가가 모든 사회 구성원에게 생활을 충분히 보장하는 수준으로 지급하는 소득이다.

위가 다르기 때문에 더 많이 일하고 더 많이 고민하고 감당해야 하는 무게도 무거운데 동일 임금을 받는 것이 불공평하게 느껴졌다. 그리고 역할에 따라 6시간만 일하고 퇴근할 수 없어 우리가 정한 규칙이 아무런 소용이 없는 구성원도 생겨났다. 신입 구성원과 기존 구성원, 어른 구성원과 청소년·청년 구성원 사이에 분명한 실력 차이가 나는데 같은 임금을 적용하는 점도 해결해야 할 과제였다.

결국 1년쯤 지나 우리는 공동으로 일하고 공동으로 벌어서 똑같이 배분하는 협동농장 방식을 포기했다. 임금 노동에 의존해서 살아갈 경우 협동농장 방식은 불가능했다. 협동농장 방식을 적용하려면 회사가 임금 외에 주거비, 생필품 비용, 미래 준비 등 다른 걱정을 덜어 줄 만큼 부자이거나 임금에 기대지 않아도 되는 자급자족 체계를 따로 만들어야 했다. 아직 그럴 처지가 못 되었기 때문에 월급으로 생활하면서 소비를 줄이기 위해 자원을 나눠 쓰거나 저축하는 방법 등을 동원했다.

이런 와중에 우리도 월급이 위태로운 적이 두 번 있었다.

한 번은 창업하고 3년 차에 정말 장사가 잘 안 돼서 돈이 딱 떨어졌을 때였다. 그때 전체 구성원들에게 한 달 정도 월급을 주지 못할 것 같다고 알린 후 다 같이 대책을 세웠다. 우선 직원을 보호해야 하는 이사들은 월급을 안 받기로 결정했다. 그런데 직원들이 그럴 수 없다며 다 같이 안 받겠다고 했다. 모두 함께 감수해 준 덕분에 위기를 잘 넘겼고, 지급하지 못한 월급은 그다음 달부터 순차적으로 줄 수 있었다.

두 번째는 메르스 사태로 주문이 거의 없을 때였다. 이때도 다 같이 의논했는데 원하는 사람만 무급 휴가를 받기로 결정했다. 다행히 메르스가 사라진 다음에 경기가 살아나서 오래 쉬지는 않았다. 여러 고비를 슬기롭게 넘기면서 우리는 임금의 수수께끼를 해결하기 위해 이사 수당, 근속 수당 등의 수당제, 자기가 원하는 만큼 스스로 결정하는 자율 임금제 등 여러 가지 방식을 해마다 꾸준히 시도하면서 임금의 기준과 수준을 조금씩 세밀하고 구체적으로 만들어 갔다.

지금은 기본적인 생활이 가능하도록 최저 임금보다 높은 수준인 '생활 임금 제도'를 기본으로 최저 임금의 120~155퍼센트까지 다양한 폭으로 적용하고, 한 사람이 하루에 도시락을 몇 개 만드는지와 같은 생산력 중심의 능력 하나만을 잣대로 삼지 않는다. 일반적인 외식업 현장보다는 높은 임금 수준을 유지하고 있지만 여전히 저임금 노동군에 속해 있는 것도 사실이다. 괜찮은 노동의 모습이 임금 수준 하나로 해결되는 건 아니지만 2017년 우리는 앞으로 다가올 최저 시급 1만 원을 목표로 단계별 준비에 들어갔다. 적어도 시간당 1만 원이 되면 조금 덜 일해도 임금이 꽤 높아서 저축을 할 수 있기 때문이다. 한편으로는 좋고, 한편으로는 불안하다. 임금 노동은 월급에 의존해서 살아가게 한다. 그러다 보니 삶의 질도 그에 맞춰 결정된다.

노파심이긴 하지만, 전문가들은 산업 구조가 변화하면서 노동은 점점 사라질 거고 30년 후에도 임금 노동이 이 세상에 남아 있을는지 알 수 없다고 하는데, 임금에 대한 우리의 고민이 맞는지는 모르겠다. 그러나 이런 먼 미래의 일을 고민할 틈은 허락되지 않았다. 괜찮은 일자리가 되려면 최저 시급 문제를 해결하는 것은 아무것도 아니었다. 풀어야 할 수수께끼가 산더미처럼 많았기 때문이다.


## 안전 보장의 딜레마


전화기를 만지작거리며 한참을 망설이던 나는 드디어 마음을 굳히고 번호를 꾹꾹 눌렀다. 전화기 너머로 신호음이 울렸다.

"여보세요?"

전화가 연결됐다.

"여보세요? 원주 어머니 맞으시죠?"

긴장한 탓일까, 사무적인 목소리가 튀어나왔다.

"네, 맞는데요."

"안녕하세요? 원주가 일하는 회사 대표 박진숙이에요. 작년에 새 가게 집들이 행사 때 뵈었는데 기억하시겠어요?"

"어머나, 그럼요. 아이를 맡겨 놓고 연락 한 번을 못했군요. 죄송합니다."

나는 길가 소음 때문에 잘 들리지 않아서 오른쪽 귀를 손으로 막고 말을 이어 갔다.

"아뇨, 아니에요."

"원주는 어떤가요? 속 많이 썩이죠?"

"원주는 성실하게 일하고 있어요. 그렇게 먼 곳에서 출퇴근하는데도 지각 한 번 안 하고요. 그런데 제가 오늘 전화 드린 이유는요……. 원주가 소풍가는 고양이에 입사한 지 1년이 지났거든요. 원주와 지내면서 어머니께 여쭤보고 싶은 것도 있고, 상의드릴 것도 생겼어요. 그래서 찾아뵙고 싶은데, 멀기도 하고 바쁘시니까 제가 갈게요."

"그래요? 급한 일인가요? 저희가 요즘 많이 바빠서……."

"급한 일은 아니지만 이번 주중에 뵈면 좋겠는데, 시간 내기 어려우신가요?"

"잠깐만요……. 그럼 이번 주 목요일에 볼까요?"

"네, 좋아요. 제가 수요일에 다시 연락 드리겠습니다."

전화를 끊고 "휴!" 한숨을 뱉었다. 외근을 마치고 소풍가는 고양이로 돌아가는 길. 통화하느라 잠깐 멈췄던 발걸음을 다시 옮겼다.

'어머니가 어색해 하시는 것 같네. 너무 사무적으로 말했나? 하긴 어떤 일터에서 회사 대표가 가정 방문을 하겠어. 당황하실 수밖에 없지. 분명히 월급 주는 사장으로 보일 텐데 어떻게 처신해야 하지? 뭐야, 내가 대표 이사가 아니라면 왜 어머니를 만나러 가겠어, 바보! 아……, 그런데 어떻게 말을 꺼내지?'

점심시간이 막 지난 때여서 그런지 길가 편의점 앞에는 직장인들이 삼삼오오 모여서 커피를 마시고 있다. 봄이 오고 있었다. 마을버스 정류장에 도착했다. 멍하니 차들이 오가는 광경을 보고 있는데 마을버스가 도착했다. 얼른 버스에 올라 뒤쪽 빈자리에 앉아 창문 밖 풍경에 시선을 고정했다. 지나치는 사람들의 표정은 봄기운을 받아 밝았지만 나는 그럴 수 없었다.

목요일 아침. 12시까지 경기도 파주에 도착하려면 서둘러야 했다. 일이 밤늦게 끝난 날 원주를 몇 번 차로 데려다준 적이 있어서 초행길은 아니었다. 원주 부모님은 파주에서 화원을 운영하고 있다. 한적하고 좁은 도로를 따라 한참을 달려 원주 집에 도착했다. 어머니가 반갑게 맞아 주었다.

"어서 오세요. 너무 멀어서 오느라 고생하셨죠?"

"아니에요. 차로 오는데요. 봄이라 많이 바쁘시죠?"

"네, 봄이 가장 바쁠 때예요. 참, 제가 모종 몇 가지 챙겨 드릴 테니 이따가 가져가세요. 그나저나 일 때문에 식사를 직접 장만하지 못해서 읍내 식당으로 나갈까 하는데, 괜찮으시겠어요?"

"그럼요. 제 차로 가시죠."

의례적인 인사말을 나누고 우리는 읍내 식당으로 자리를 옮겼다. 우리 앞에 밥상이 차려졌다.

"제가 갑자기 찾아와서 당황하셨죠?"

내가 먼저 입을 열었다. 어머니는 괜찮다며 손사래를 쳤다. 나는 침착하게 말을 이어 갔다.

"원주는 고등학교 다니면서 5개월 동안 인턴십을 했고, 고등학교를 졸업한 뒤 소풍가는 고양이에 입사해서 이제 1년 4개월이 됐어요. 원주를 지켜본 것만 2년이 다 되어 가네요. 원주는 이렇게 먼 곳에서 출근하는데도 투덜거리는 모습을 본 적이 없을 정도로 성실해요. 하지만 학습 속도가 너무 느려요. 인턴십할 때부터 그렇다는 건 알고 있었지만 입사시켰어요. 제가 궁금한 건 어머니도 알고 계시는지예요. 원주 고등학교 담임선생님도 그런 말씀이 없으셨고, 예전에 어머니 뵈었을 때도 따로 말씀이 없으셔서 모르시나 싶어서요."

"어머나……."

어머니는 눈을 크게 떴다.

"알고 있어요. 저는 대표님이 모르시는 줄 알았어요. 그래서 원주가 제법 일을 잘해서 별일 없는 거라고 생각했어요. 알면서도 입사시키셨군요. 먼저 말씀드리지 못해 죄송해요."

"아, 알고 계셨군요. 혹시 전문가의 진단은 받았나요?"

"네. 하지만 장애 등록은 하지 않았어요."

어머니의 대답에 순간 말문이 막혔다. 나는 그동안 "원주가 좀 다른 것 같지 않아요?"라는 구성원의 이야기에 언제나 아주 단호하게 "아니! 그렇지 않아요."라고 말해 왔다. 강한 부정은 강한 긍정이라고 했던가.

나는 이 일을 시작한 뒤 정도 차이는 있지만 발달이 느린 장애 청소년과 청년을 네 명쯤 만났다. 모두 일과 돌봄이 필요한데 갈 곳이 막막한 처지였다. 처음에는 할 수 있으리라는 생각에 단기 인턴십을 시작했다. 그러나 점점 감당할 수 없다는 사실을 인정해야 했다. 내가 상상하며 만들고 싶었던 이상적인 현실은 찾아오지 않았다. 이곳에 있으면 장애 청소년과 청년들의 다름이 자꾸 도드라지기만 할 뿐 어우러지지 못했다. 이곳은 교육 기관이 아니고 돈 버는 현장이다 보니 이 도드라짐이 조금씩 불편으로 이어지고 짐이 되었다. 그들을 위한 일터 환경을 만들 수 없었던 탓이다.

나는 이제 장애 청소년과 청년이 찾아오면 소풍가는 고양이 구성원들에게 의견을 묻지 않고 내 선에서 정중하게 돌려보낸다. 자기 한 몸 감당하기도 버거워서 쩔쩔매는 구성원들의 상태를 생각하면 모질게 마음먹고 눈을 질끈 감아야 한다고, 장애 청소년과 청년들에게 이곳은 좋은 환경이 아니라고, 안 되는 게 아니라 못하는 거라고, 그렇게 나 자신을 설득하면서 말이다. 그런데 원주는 좀 달랐다. 진단 받은 '증서'가 없었고 긴가민가 헷갈렸다. 그런 사실은 원주를 입사시킬 충분한 명분이 되었다. 그런데 실낱같은 명분이 방금 획 하고 날아간 것이다.

어머니는 덮어 두었던 길고 긴 이야기를 꺼냈다. 나는 감정을 자제하며 집중해서 듣고 중간중간 몇 가지를 확인했다. 그리고 어머니에게 아직 결정한 건 아니지만 원주가 회사를 떠나야 할지도 모른다고 털어놓았다. 나는 헛된 희망보다는 현실을 있는 그대로 알리고 해결책을 의논하고 싶다는 의미의 말도 덧붙였다. 이 말을 할 때 내 목소리가 미묘하게 떨렸다. 점잖게 포장한 '비겁한 거짓말'이라는 걸, 말하는 순간 깨달았기 때문이다. 1년 4개월 동안 일해 온 원주에게 소풍가는 고양이에서 계속 일하는 것만큼 좋은 해결책이 또 있을까.

그제야 동전의 양면처럼 책임의 버거움 앞에 움츠러든 내 모습과 고용의 칼자루를 쥔 내 모습이 동시에 보였다. 함정에 빠진 기분이 들었다. 그사이 차려 놓은 밥이 조금씩 식어 갔다. 식사를 마치고 어머니를 모셔다 드린 후 예쁜 꽃과 허브 모종을 차에 한가득 싣고 그곳을 떠났다. 원주 집이 시야에서 사라지자 주책없게 눈물이 떨어졌다.


## 일할 수 있는 이유, 일할 수 없는 이유


원주 문제가 불거지기 전까지만 해도 "모두에게 일할 권리가 있다."는 말은 당연하다고만 생각했다. 그러나 이번에 나는 말은 쉬워도 실천은 고통일 수 있다는 사실을 새삼 깨달았다. 가정 방문 뒤 고민이 덜어지기는커녕 오히려 훨씬 커졌고, 어떤 결정을 해야 할지 갈팡질팡했다. 1년 4개월이나 지나서 새삼스레 원주의 상태를 확인한 것은 우리 회사의 임금 원칙이 계기가 됐다. 구성원들이 회사를 오래 다닐 수 있게 하려고 해마다 묻지도 따지지도 않고 자동으로 월급을 올렸는데, 올해 초 원주의 월급을 조정할 때 같은 시간 동안 더 많이 더 다양하게 일하는 구성원과 원주가 동일한 임금을 받는 게 과연 공평한지 되묻게 됐다.

원주는 셈이 서툴러서 업무를 다양하게 하기 어려웠고 단순한 업무 한 가지를 완벽하게 소화하는 데 거의 1년이 걸렸다. 원주가 제시간에 맞춰 일감을 끝내려면 옆에서 동료들이 재촉하고 확인하고 살펴 주어야 했다. 나를 비롯해 모든 구성원들은 한가할 때는 너그러웠지만 일이 많아서 눈코 뜰 새 없이 바빠지면 짜증을 내곤 했다. 해마다 원주의 월급이 일정하게 올라갈 텐데 그때마다 이런 고민에 시달릴 게 뻔했다. 또한 "곳간에서 인심 난다."고, 회사 살림살이가 풍족하지 않을 때 한 사람 몫을 제대로 못하는 구성원이 행여 성가신 존재가 되는 건 아닐지 걱정이 앞섰다.

나는 며칠을 혼자 동동거리고 끙끙 앓다가 결국 회의 때 털어놓기로 결심했다. 혹시나 결정권을 쥐고 있는 구성원들이 감정에 휩싸여 잘못된 결정을 내리면 돌이킬 방법이 없을까 봐 염려됐지만 다른 뾰족한 방법이 떠오르지 않았다. 며칠 후 청년 이사들과 팀장들이 모여 회사의 중요한 일을 의논하고 결정하는 회의가 열렸다.

"마지막 안건은 원주 이야기예요."

내가 말했다. 원주네 가정 방문 이야기를 자세히 들려주면서 그동안 구성원들이 궁금해하고 걱정했던 문제가 사실이라고 알렸다. 그리고 걱정거리를 풀어놓았다.

"모두 알다시피 원주는 심각한 상태는 아니에요. 다만 우리는 몇 번의 경험을 통해 장애 청소년과 청년들이 오면 돌려보냈죠. 여기서 하는 일이 그들에게 적합하지 않아서 그랬어요. 하지만 원주는 우리와 함께 1년 넘도록 일을 해 왔기 때문에 다르잖아요. 그

래서 고민이 됩니다. 앞으로 원주의 업무 속도가 빨라지거나 많은
일을 처리하리라고 기대하지는 못해요. 만약 지금처럼 함께 일하
려면 원주가 할 수 있는 일감과 가르치는 방법이 달라져야 하고,
모든 구성원의 도움도 많이 필요해요. 그렇지만 같이 일할 수 없
다면 여러 가지 가능성을 놓고 원주가 갈 수 있는 곳을 최대한 찾
아볼 생각이에요. 교육 기관이 될 수도 있고, 발달이 늦은 청년들
이 일하는 곳이 될 수도 있겠죠. 어머니는 우리가 결정하는 대로
따르겠다고 하셨지만, 제가 추천하는 곳들을 좋아하실 것 같진 않
아요."

내 말이 끝나기 무섭게 홍아가 눈을 동그랗게 뜨고 큰소리로 말
했다.

"원주를 퇴사시켜야 해요? 안 돼요!"

차차가 차분히 설명했다.

"홍아, 그게 아니라 어떻게 해야 할지 상의하자는 거예요. 자기
의견을 이야기하면 돼요."

"제가 이런 문제를 회의에서 의논하는 건 정말 결정하기가 어
려워서 그래요. 원주는 이곳에서 할 수 있는 일감도 제한적이고,
야단도 많이 맞게 될 거예요. 그런데 발달이 늦은 청년들이 교육
받는 곳이나 일하는 곳에 가면 정말 월등하게 잘한다는 칭찬을 들
으며 지낼 거예요. 그래서 여기가 원주에게 좋은 환경일까 확신이
서지를 않고, 다른 곳이 원주에게 좋을 테지만 그런 곳이 많지 않
아서 갈 수 있기나 할는지 그것도 모르겠고……."

모두 생각에 잠겼고 침묵이 이어졌다. 다들 원주에 대해서 몰랐던 사실을 접하니 난감하기도 하고 부담스러워서 신중해졌다.

"한가할 땐 문제도 아니라고 생각해요. 그런데 외식업의 특성상 바쁠 땐 엄청 바쁘고 손도 모자라고 그렇잖아요. 그럴 때 원주가 따라오지 못하면 서로 힘들어지는데, 지금도 원주가 일을 제대로 하는지 못하는지 살펴보고 도와주느라 자기 일이 늦어져서 주문을 계획대로 소화하기 힘들 때가 있어요. 그래도 우리가 짜증내거나 탓하지 않고 해낼 수 있어야 할 텐데요."

"원주가 어쩌면 앞으로 계속 똑같은 일만 할 수도 있다는 거죠? 동료들은 점점 나아지고 일의 영역도 넓어질 텐데 그때마다 원주가 자신감 잃지 않고 잘 지낼 수 있을지 걱정돼요."

"원주가 갈 만한 곳이 있다면 좋을 테지만 현실적으로 없다면 생각해 봐야 할 것 같아요. 하다못해 집 근처 편의점에서 일하려해도 수 개념이 필요한데 원주는 그게 부족해서 오래 못 다닐 거예요."

"저는 퇴사는 안 된다고 생각해요. 하지만 이럴 때 제가 뭘 어떻게 해야 할지는 잘 모르겠어요. 씩씩이의 의견을 따를게요."

무게감이 너무 컸는지 쉽사리 의견이 모아지지 않았고, 공은 다시 내게로 넘어왔다. 나는 입을 굳게 다물고 곰곰 생각했다.

"오늘 당장 결정하려는 건 아니에요. 그래도 뭐든 해 봐야 하니까 이렇게 할까요? 원주가 일을 잘 해낼 수 있도록 다른 접근을 시도하는 것과 원주가 갈 만한 곳을 알아보는 것, 두 가지를 다 해 보는 거예요. 그리고 다시 모여서 의견을 모아 보죠. 어때요?"

우리는 결국 원주가 이곳에서 일해야 하는 이유를 찾지 못했다. 하지만 원주가 이곳에서 일할 수 없는 이유 또한 찾지 못했다. 퇴근 후 집에 돌아온 나는 구성원들이 곤란해 하면서도 원주를 골치 아픈 존재로 여기며 쓰윽 손쉽게 밀어내지 않았다는 사실을 떠올렸다. 원주가 너무 예쁘다거나 너무 불쌍하다거나 미운 정 고운 정이 들었다거나 하는 감정적인 이유는 분명 아니었다. 그럼 무엇일까?

우리 사회에서는 경제적 이익을 많이 안겨 주는 사람이 어디서나 환영받는다. 그래서 생산력이 높은 '쓸모 있는 존재'라는 것을 스스로 증명할 때 비로소 노동력과 임금을 맞바꾸는 거래가 이루어진다. 이것이 취업이고 고용이다. 그런데 소풍가는 고양이는 그런 식의 거래를 하는 곳이 아니다. 당장 돈을 벌어다 주는 생산력이 아닐지라도 사람들이 지니고 있는 저마다 다른 필요성과 중요성을 찾아내고 만드는 곳이다. 심지어 이것이 손해를 감수하는 게 아니라 장기적으로 회사와 구성원 모두에게 이득이라는 점을 증명하는 곳이다. 이제 원주를 그런 차원에서 바라봐야 하지 않을까?

나는 책상에 앉아 수첩을 펼치고 메모를 했다. 나는 필사적으로 원주가 일할 수 있는 이유를 찾고 있었는지 모르겠다. 원주가 자신의 존재 이유를 스스로 증명하지 않아도 되게끔.

~~~~~~~~~~ 2016년 5월 10일

나눔이나 분배의 원리는 하나를 둘 또는 여러 개로 나누어 갖는

것. 따라서 내준 사람은 갖고 있던 게 줄어들고 받은 사람은 늘어난다. 하지만 전체적으로는 줄지 않았다. 이것은 누군가에게 피해를 주지 않고서는 다른 사람의 보람이나 쓸모를 더 좋게 할 수 없다는 논리를 담고 있다. 그래서 나눔이나 분배는 주는 사람의 착한 마음에 기대나 보다. 나 역시 원주의 문제를 그렇게 생각했던 것 같다. 마치 구성원들이 빵 하나를 온전히 가질 수 있는데 원주와 그 빵을 나눠 갖게 될 거라서 구성원들의 착한 마음 없이는 원주가 여기에서 생활하기 어려울 테고, 그 착한 마음은 어려운 시기가 오면 변할 거라는 염려. 이것은 원주가 빵을 늘리는 존재가 아니고 빵을 가져가기만 하는 존재라고 생각했기 때문이다. (복지 혜택을 무임승차라고 비난하는 사람들의 논리와 뭐가 다른가!) 나는 나도 모르는 사이에 원주가 앞으로 경제적 이득보다는 경제적 손해를 끼치게 될 것이라고 가정했던 모양이다. (이건 의식하지 않으면 자동적으로 돌아가는 습관. 그것에서 벗어나려면 억지로 힘을 주어서라도 불편해져야만 한다. 그래야 습관이 되어 버린 편한 쪽을 쉽게 따르지 않게 된다.)

아마르티아 센은 이런 계산법을 비난한다. 사람은 경제적 이익 외에 다른 쓸모를 만들어 내는 존재라는 것인데, 개인의 윤리와 도덕, 행위 동기, 타인에 대한 관심과 같은 사회적 행동의 가치도 경제적 쓸모라고 말이다. 오늘 운영 회의에서 구성원들은 손해와 이득을 계산하지 않았다. 그렇다고 정이나 동정으로 행동한 것도 아니다. 원주에게 다른 경제적 쓸모, 고유성이 있었던 건 아닐까? 생각해 보면 '불편함'일지도 모르겠다. 보통 불편함은 피해야 하는 것, 이득이 없는 것, 싫은 것이라고 생각해서 외면하거나 없애려고 하는데 구성원들은 그러지 않았다. 나와 다른 존재와 같이 일하고 살아가려면 불편함을 겪는 게 당연하다. 그래서 다른 존재에 대한 불편함을 모른 척, 괜찮은 척하지 않고 이런 불편함이 왜 생기는지 자꾸 근본적인 것을 질문하고 다시 생각해 보며 함께 일하기 위한 방법을 고안한다.

이 과정이 보통은 하기 싫을 텐데 소풍가는 고양이에서는 일상이 된 모양이다. 함께 일하는 것이 무엇인지 그 무게감을 감당하는 것. 원주를 누구와 비교하지 않고 있는 그대로 받아들이는 것, 원주를 모른 척하지 않으려고 애쓰는 것, 일 못한다고 내치지 않는다는 걸 확인하고 안심하는 것, 원주에게 맞춰 때로는 속도를 조절하는 것, 타인에 대한 돌봄의 기술을 발휘함으로써 반대로 자신의 쓸모를 확인하는 것. 이런 것이 있어야 똘똘 뭉쳐 일할 수 있다. 원주의 고유성은 이런 게 아닐까? 우리가 모든 사람에게 일할 기회를 줄 수는 없지만, 적어도 돈으로 계산하는 잣대 하나만이 아니라 그 사람이 안고 있는 고유성까지 경제적 쓸모로 포함시켜 생각할 수 있어야 하지 않을까?

## 권리와 의무 사이

시간이 흘렀다. 봄, 여름, 가을, 겨울이 눈 깜짝할 새 지나가고 새해가 밝았다. 그동안 원주의 진로를 의논하는 회의는 다시 열리지 않았고, 원주는 3년 차에 들어가 원칙대로 월급이 올랐다. 원주에게 변화가 생겨 걱정이 사라졌다면 더할 나위 없이 좋겠지만 원주는 그대로다. 동료들은 짬짬이 원주가 일을 제대로 끝냈는지 확인하고, 빨리 하라고 재촉하고, 다음 날 시간표를 같이 짠다. 때론 친절하게, 때론 퉁명스럽게, 때론 무심하게. 일상이 됐다. 원주도 평소처럼 말을 잘 듣다가도 동료들의 잔소리가 듣기 싫으면 못 들은 척 무시하기도 하고 짜증을 내기도 했다. 변한 건 없었다. 조금 달라진 점이 있다면 내가 원주를 야단치는 횟수가 크게 줄었고, 구성원들은 원주가 잘 알아들을 수 있도록 천천히 분명하게 설명하고 제대로 이해했는지 확인한다는 것. 차차와 나는 원주가 제 일을 스스로 해낼 수 있는 여러 가지 방법을 수시로 고안하고, 반복적으로 할 수 있는 일감을 찾아냈다.

그런데 얼마 전 원주를 크게 야단쳤다. 평소보다 한참을 느리게 일하는 모습이 딱 걸려서 잔소리를 한 바가지 쏟아부었다. 원주는 몹시 기분이 상했는지 닦고 있던 숟가락을 수저통에 팽개쳤다. 그런 행동을 가만히 보고 있을 수가 없었다.

"원주, 이게 무슨 행동인가요? 야단맞았다고 지금 화풀이하는 거예요? 어떻게 물건을 던져요?"

내가 호통을 치자 꾹 참고 있던 원주는 울음을 터뜨리고 말았다. 엉엉 소리 내어 울기까지 했다.

"원주가 어린애예요? 왜 울어요? 어서 뚝 그치고 화장실 가서 씻고 와요!"

원주는 화장실로 달려갔다. 나는 감정이 잦아들 때까지 길게 심호흡을 했다. 우리는 곧 조용히 하던 일을 이어서 했고, 원주는 숟가락을 닦아서 수저통에 얌전히 놓았다. 2, 3일이 지나 원주가 일이 밀리는 원인을 새롭게 발견하고 원주와 상담을 했다.

몇 가지 사실을 확인한 뒤 원주에게 물었다.

"원주, 소풍가는 고양이에서 야단맞으며 일하는 거 힘들지 않아요? 지난번에 일 못해서 나한테 야단맞았는데, 운다고 또 야단맞았잖아요."

(수줍게 웃으며) "……."

"만약에 말야, 원주. 야단맞지도 않고 일도 많지 않고 지금처럼 똑같은 일만 하지 않는 곳이 있다면 거기 가는 건 어때요?"

"아니요. 여기 있을래요."

"야단맞고 일 많고 빨리 해야 하는 건 원주가 여기를 다니는 동안 달라지지 않을 텐데요?"

"괜찮아요."

"왜요?"

"6시간만 일하면 되니까 좋고, 사람들하고 관계도 편해요."

"다른 곳에서 일하면 관계가 어떨 것 같은데요?"

"말하는 게 어려워요."

"원주는 여기 다니면서 자기 자신에 대해 처음 알게 된 사실이 있어요?"

"제가 느리다는 거요."

"그래요? 학교 다닐 때 그런 얘기 못 들어 봤어요?"

"네."

"제대로 못한다고 야단맞은 적 없어요?"

"없어요."

"그럼 칭찬은? 칭찬은 받아 봤어요?"

"기억이 안 나요."

"그럼 어느 날은 야단맞고 어느 날은 칭찬도 받으며 지내는 게 여기에서 처음 경험하는 거예요?"

"네."

"음……, 알겠어요. 지금까지 원주는 잘해 왔어요. 앞으로도 마음 단단히 먹고 일해요. 알았죠?"

"네."

나는 상담을 마치고 혼자 생각에 잠겼다. 야단도 칭찬도 없었던 원주의 학교생활은 어떤 것이었을까? 괜히 코끝이 찡해졌다. 우리는 과연 일할 권리와 일자리를 제공할 의무 사이에서 벌어지는 잔인한 상황을 해결한 것일까? 원주는 일터에서 차별로부터 보호받고 안전한 것일까? 원주의 존엄성이 무너지지 않게 품위 있는 일을 하고 있는 것일까? 소풍가는 고양이는 우리 모두에게 '괜찮은 일자리'일까?

   흔히 월급 많고 오래 다닐 수 있는 직장을 '좋은 직장'이라 하지만 국제 노동 기구(ILO)는 "자유롭고 평등하고 안정되고 인간의 존엄성이 존중되는 모두를 위한 기회"가 좋은 일자리라고 천명했다. 그런가 하면 경제 협력 개발 기구는 보고서에서 "질 좋은 일자리는 단순히 좋은 임금, 밝은 전망만을 뜻하지 않는다. 개인이 성취감을 느낄 수 있는 근무 환경, 직장을 통해 포부를 품고 자신이 사회적으로 쓸모 있으며 세상에 기여하고 있다는 자부심을 느끼며 자존감을 주는 일자리를 의미한다. 근무 환경의 질은 근로자의 정신과 신체적 건강에 영향을 끼친다. 이런 다양한 면을 관찰해야 한다."며 일자리의 질과 행복은 떼려야 뗄 수 없는 관계라고 밝혔다.[4]

   여러 가지 수치와 기준에 따라 좋은 일자리를 평가할 때 어쩌면 우리 회사는 괜찮은 곳이 아닐 수 있다. 해마다 찾아오는 다양한 위기를 극복해야 하고 매출도 불안정해서 아직은 두루두루 부족하기 때문이다. 그렇지만 소풍가는 고양이는 일터의 의무를 잊지 않고 실천하고자 노력한다. 그러기 위해서 소풍가는 고양이에 몸담고 있는 우리 모두가 서로 의지하며 '괜찮은 삶과 일'이 무엇인지 계속 고민하고 탐구하고 만들어 가며 변화를 시도한다.

---

4) 임지선, 「좋은 일자리, 기업 데이터 공개가 논의 출발점」, 『한겨레21』, 제1110호(2016년 5월).

노동은 낭만적이지 않고 육체적·정신적으로 고된 활동이며, 또한 사람과 사람 사이에서 일어나는 다채로운 감정과 함께 쌓이고 쌓이는 시간의 기억이 경험으로 축적되어 개개인의 삶에 영향을 주는 활동이다. 노동의 결과로 너와 나의 오늘과 내일이 보장되기 때문이다. 그래서 잔인할 때도 있고, 행복할 때도 있고, 보람찰 때도 있다. 나는 이런 사실을 인식하면서 노력하고 실천하는 우리의 모습이 우리가 찾은 괜찮은 노동의 또 다른 모습이라고 믿는다.

## 06

# 일하는 사람이
# 된다는 것

인간이 평온한 삶에 만족하며 살아야 한다고 말하는 건 헛된 일이다.
인간은 적극적으로 활동하며 살아야 한다.
그리고 인간은 그런 활동을 찾을 수 없으면 만들어 낸다.
수많은 사람들이 자신의 운명에 대해 무언의 반란을 일으키고 있다.
흙으로 덮듯 덮어 버려서 그렇지,
정치적 반란 사건들 외에 얼마나 많은 반란 사건들이
수많은 사람들의 삶에서 발효되고 있는지는 누구도 모른다.

—샬럿 브론테, 『제인 에어』 중에서

**폭탄 떨어진 날**

크리스마스를 이틀 앞둔 2014년 12월 23일. 한 통의 전체 메일이 도착했다.

〰〰〰〰〰〰〰〰〰〰〰〰〰〰〰

**메일 보낸 이 : 홍아**

**받는 이 : 씩씩이, 차차, 쫑, 혁**

오늘 일은 정말 이해할 수 없었습니다. 그래서 이렇게 메일을 씁니다. 배달 시간이 다가오면 바쁘다는 것 잘 압니다. 그래서 빨리빨리 해야 하는 것도 알고요. 그렇다고 짜증 내고 호통치는 게 답은 아니잖아요? 저는 즐겁게 일했으면 좋겠다고 늘 말했어요. 근데 오늘 씩씩이와 차차의 말을 들으니 이런 상황이 안 바뀔 것 같아요. 우리가 바쁠 때 짜증 내면서 일하는 게 어느새 자리 잡힌 것 같고 바뀌지 않을 것 같아요. 일도 적당히 일정 조율하면서 일하는 게 맞는 것 같고요. 감당이 안 되면 놓아도 되지 않아요? 소풍가는 고양이 사람들이 슈퍼맨은 아니잖아요. 우리가 도대체 뭘 위해서 이렇게 몸이 지치는데도 일하고 있는지 모르겠어요. 요리하는 곳 같지도 않고. 지금 이렇게 일하고 있는 게 맞는지 모르겠습니다.

제가 이성적으로 생각하려고 노력도 많이 했는데 얼마나 더 해야 하나요? 저는 소풍가는 고양이에 맞춰 가면서 일하고 싶지 않아요. 저는 저예요. 아닌 건 아닌 거 같아요. 그리고 바뀔 건 바뀌어야 하는 것 같고요. 근데 이제까지 소풍가는 고양이 내부적인 문제는 전혀 바뀌지 않은 것 같아요. 오히려 외부적인 일들이 많이 달라졌죠. 소풍가는 고양이가 뭘 위해 만들어졌고, 지금 어떻게 흘러가고 있는지 다시 생각해 보고 싶네요. 그리고 언제부턴가 우리의 모든 문제점이 당연하게 흘러가는 것 같아 마음이 좋지 않아요. 지금 얘기한 문제들 말고 많은 것들이 묻혀 있어요. 한번 생각해 보시길 바라요. 저의 마음속 얘기가 오늘 한 방에 터졌네요.

---

**답장 보낸 이 : 씩씩이**

**받는 이 : 홍아, 차차, 쫑, 혁**

홍아, 훌륭하네. 이런 메일을 다 보내고.

그리고 고맙네. 이런 질문을 던지고.

그러게, 왜 이렇게 흘러가고 있을까.

무엇을 위해 일하고 있는 걸까.

~~~~~~~~~~~~~~~~~~~~~~~~~~~~~~~~~~~~~~~~~~~

메일이 도착하기 전날. 올해 마지막 일정이자 마지막 주문이며 가장 큰 주문을 준비하다 말고 갑자기 차차와 홍아가 큰소리로 말다툼을 벌였다.

"홍아, 내가 물어봤잖아. 왜 대답을 안 해요? 무시하는 거예요?"

"차차가 짜증 내면서 말하니까 말하기 싫어요."

"홍아가 무시하니까 짜증이 나는 거잖아요."

"차차가 먼저 짜증 내면서 말했잖아요!"

두 사람의 팽팽한 말싸움은 홍아가 유니폼을 집어 던지고 뛰쳐나가면서 끝났다.

"홍아 안 돌아오겠네."

쫑이 혼잣말을 했다.

홍아는 다투다가 뛰쳐나간 전력이 많았다. 하지만 늘 24시간을 넘기지 않고 돌아왔다. 그런데 이번엔 심상치 않았다. 예상은 빗나가지 않았고, 이튿날 홍아는 출근하지 않았다. 대신 전체 메일을 보낸 것이다.

크리스마스이브에 4명의 이사(차차와 홍아, 쫑, 나)로 구성된 긴급 운영 회의가 열렸다. 다행히 홍아는 어색한 표정으로 참석했다. 홍아의 메일은 우리가 잠깐 멈춰서 숨을 고를 수 있게 해 주었다.

"어제 출근하지 않은 건 죄송해요. 하지만 생각을 깊이 정리할 시간이 필요했어요."

홍아의 말을 시작으로 우리는 '충돌 사건'을 되짚어 보았다. 모두 이런 일을 하루이틀 겪었던 게 아니어서 그런지 감정은 이미 사그라들었다. 이 시기에는 끔찍할 정도로 일이 많았다. 연말이라 주문이 많았는데, 공사가 마무리되지 않은 새 가게에 부분적으로 입주한 상태이기도 했다. 그래서 보따리장수처럼 살림살이를 이고 지고 이웃 업체 주방으로 옮겨 다니며 주문을 소화했다. 나는 나대로 새 가게 입주 잔금을 마련하느라 이리 뛰고 저리 뛰었다. 게다가 그 무렵에 신입 구성원이 많아서 그들을 돌보느라 품이 두 배로 들어갔다. 각자 감당해야 할 일감의 범위가 너무 많아서 숨이 턱까지 차올랐다. 누가 좀 거들어 줬으면 싶은데 상대의 무심함과 부족한 역량에 자꾸 화가 나고 분위기는 점점 나빠지던 때에 홍아가 폭탄을 터뜨린 것이다. 즐겁게 일하면 좋겠다지만 그게 어디 말처럼 쉬운 일인가. 그러려면 무엇이 문제인지, 무엇을 반성하고 무엇을 변화시켜야 하는지, 무엇이 필요한지 구체적으로 이야기하면서 우리는 몇 가지를 결정했다. 이날은 기분 좋게 헤어졌고, 모두 이렇게 마무리된 줄 알았다.

그런데 이번엔 내가 문제였다. 나는 영 개운치 않았다. 정말 충돌 사건이 해결된 게 맞나? 홍아가 질문한 것들에 대한 답을 얻었나? 홍아만 이성적으로 노력했던 건 아닐 게다. 나의 노력, 차차의 노력, 쫑의 노력, 혁의 노력은 무엇이었는지 자세히 이야기했나? 우리의 노력은 어디로 향해 있었던 걸까? 충돌 사건의 원인을 우리가 제대로 찾아낸 게 맞는지 자꾸 되물어 보았다.

며칠 뒤 2차 회의를 열었다. 내가 먼저 입을 열었다.

"나는 여전히 청소년과 청년 구성원들의 주인 의식과 자율성, 일감 완수 능력을 의심하고 있어요. 획득하지 못하는 것이기 때문에 내가 포기해야 하는 건지, 아니면 벌써 충분한데 내가 너무 높은 수준을 요구하는 건지 도무지 모르겠어요. 무엇보다 자신과 상관없는 것처럼 심드렁하게 일하는 태도를 어떻게 이해해야 할까요? 실제로 상관없다고 생각하는 건가요? 아니면 할 수 없는 일, 감당하기 어려운 일이어서 포기하는 건가요?"

"초기에는 내가 저지른 실수나 문제를 해결하는 방법을 몰라서 가만히 있었어요. 그러다가 다른 사람이 내 문제를 대신 해결해 주는 분위기에 익숙해진 것 같아요. '누가 해결할 테니까 또는 어차피 못할 테니까' 이런 식으로 넘어갔고, 내가 나서야 한다는 생각은 하지 않았어요."

"실수를 하면 나 자신에게 짜증이 나서 다른 사람에게도 짜증을 내게 돼요. 해결법을 모르기 때문이에요. 손님에 대해서는 생각해 본 적 없어요. 그래서 주문과 관련해서 실수를 해도 잘못했다거나 고쳐야겠다는 생각이 들진 않았어요."

쫑과 홍아가 차례로 말했다. 두 사람의 이야기에 몹시 당황한 나는 속으로 '내가 어린아이들 데리고 뭐 하는 건가.' 읊조렸다. 그만큼 둘의 존재는 남달랐다. 연금술사프로젝트부터 시작해 창업을 같이 했고, 모든 고비를 함께 넘고 의지하며 든든한 동료로 성장하고 있는 사람들이 아니던가.

실망감에 휘청대는 찰나에 엎친 데 겹친 격으로 쫑이 느닷없이 퇴사를 선언했다. 셰프에게 직접 배우는 요리 수업 후 서양 요리 셰프를 꿈꾸게 된 그는 지금 하는 일이 점점 쓸모없고 답답하게 느껴진다고 했다. 더욱이 소풍가는 고양이는 한식 중심이라 시간을 낭비하는 것 같아 조바심이 생긴다고 했다. 허드렛일을 해도 좋으니 서양 요리 전문 레스토랑에서 경험을 쌓고 싶어 했다.

"지금 제가 안고 있는 한 가지 문제점은 다른 일터에 가서 일하게 될 날을 기다린다는 거예요. 잘못된 생각이라는 건 알아요. 어떻게 보면 영혼 없이 일한다고 볼 수 있잖아요. 지금 하고 있는 일과 다른 일터에 가는 것을 구분해서 생각하고 싶은데 쉽지 않네요. 소풍가는 고양이를 생각하며 일하는 게 아니라 '다른 일터에 나갈 때까지 버틴다.'는 생각을 하면서 일하고 있으니까요."

쫑의 마음은 이미 콩밭에 가 있었다. 두 사람 모두 지금 회사가 어떤 상황인지, 차차와 내가 왜 이렇게 일할 수밖에 없는지는 아랑곳하지 않은 채 한 사람은 "일을 적당히 할 순 없나?" 철없는 소리를 하고 있고, 다른 한 사람은 "마음이 떠났다."며 다른 곳으로 가겠다니. 연이은 폭탄 세례에 내 마음은 걷잡을 수 없이 휑해졌다.

## 비밀의 문을 여는 열쇠

소풍가는 고양이에서 만나는 18세부터 24세의 청소년과 청년들은 우리나라 법에 따르면 '(후기) 청소년'[1]이다. 그리고 스스로의 의지에 따라 다른 방식의 사회 진출을 모색하거나 그 밖의 여러 사유로 대학을 포함한 상급 학교에 진학하지 않기 때문에 '비진학 (후기) 청소년'으로 분류된다.

그러나 소풍가는 고양이의 구성원들은 연령대가 비슷하고 대학에 진학하지 않았다는 점, 소풍가는 고양이가 첫 일터라는 점, 어른이 되어 가는 전환기라는 점 등은 모두 같지만 한 가지로 딱 설명하기 어려울 만큼 너무 다양하다. 초등학교를 졸업하고 중학교에 진학하지 않은 청소년, 중학교 재학 중에 자퇴한 뒤 진학하지 않은 청소년, 중학교를 졸업하고 고등학교에 진학하지 않은 청소년, 고등학교 재학 중에 자퇴한 청소년, 인문계 고등학교를 졸업한 청소년, 특성화/실업계 고등학교를 졸업한 청소년, 정규 교육을 받지도 않고 고용 관계에 있지도 않으며 취업을 위한 직업 훈련에도 참여하지 않는 니트 청소년, 시설(퇴소) 청소년, 대안 학교 졸업생, 한 부모 가정 청소년, 부모를 일찍 여읜 청소년, 부모와 함께 사는 청소년, 독립해서 혼자 사는 청소년 등 다양한 조건과 환경에 둘러싸여 있다.

---

[1] '청소년 기준법'의 청소년 연령 범주는 9세부터 24세까지이다.

그중에서 중학교, 고등학교 때 학업을 중단한 구성원이 많은 편이다. 이들이 학교를 떠난 이유 또한 제각각이지만 명확하고 정당하다. 야간 자율 학습이 자율이 아니고 왜 강제인지 질문했다가 "하라면 하는 거지 왜 따지냐."는 선생님의 답변에 무안을 당했고, 학교 폭력에 노출되었을 때 "좀 참고 기다려 보라."며 아무런 조치도 취해 주지 않는 선생님에게 수업을 받아야 했다. 이유도 모른 채 무조건 머리카락을 일정한 길이로 잘라야 하는 규율이 있고 건강이 좋지 않아 수업 시간에 배려가 필요했지만 당당하게 말할 수 없는 교실은 이들이 학교를 다녀야 할 이유를 잃게 했다. 이들의 이유 있는 선택을 지지해 준 사람은 부모와 친구들뿐이었고, 친척 등 주변 어른들은 혀를 끌끌 차며 부정적인 눈길로 바라보았다. "뭐가 되려고 그러느냐?"는 어른들의 질문에 "뭐라도 되겠죠."라는 자조 섞인 답을 해야 했다.

그런데 학교를 벗어나니 정말 할 게 없었다. 다들 속박을 벗어나 자유라는 '신세계'를 만끽하며 아무것도 하지 않은 채 한동안 집에 있었다고 한다. 아무도 만나지 않고 혼자 게임에 빠져 있거나 몇 달씩 침대 밖으로 나오지 않거나 밤낮이 바뀐 채 놀면서 시간을 흘려보냈다. 이 기간은 1년부터 4년까지 저마다 다른데, 시간이 흐를수록 점점 익숙해져서 나이 먹는 것에 무감해졌다.

이들이 '텅 빈 시간'을 자각하고 움직이기로 마음먹는 이유는 부모에 대한 미안함, 자유를 누리려면 돈이 필요하다는 자각, 불규칙한 생활에서 오는 불안감 때문인데, 대부분 "그만하면 됐다."고

말해 주는 부모의 손을 잡고 집 밖으로 나왔다. 결과적으로 집에 있게 만든 것도 어른이었고, 집에서 나오게 한 것도 어른이었다.

나는 이들의 이야기를 듣고 어른의 역할이 무엇인지를 나 자신에게 묻곤 했다. 소풍가는 고양이에서 만나는 구성원은 우리 사회가 크게 반기는 존재가 아니다. 그걸 알면서도 사회로 나온 이들을 다시 어디로 내모는 일은 없어야 했다. 이들이 닻을 내릴 수 있게끔 우리라도 놓치지 말고 단단히 붙들어야 했다. 소풍가는 고양이는 청소년에서 어른으로 성장하는 한 사람 한 사람의 시간과 일 경험에 관심을 기울이고 이들이 겪는 곤란을 함께 해결하면서 아주 조금씩 전진해 왔기 때문에 많은 청소년과 청년을 만날 수 없었다.

사실 우리 회사는 이들의 새로운 일자리 만들기를 중요하게 여기지만 오히려 청소년·청년과 어른이 어떤 환경에서 오랫동안 함께 일하며 성장하는지, 그리고 회사는 구성원들의 성장과 어떻게 맞물려 유지되고 발전하는지, 어떤 환경을 만들어야 하는지, 그 비밀을 밝히는 데 훨씬 열심이다. 그것이 일자리를 늘리는 것 못지않게 아주 중요하다고 여기기 때문이다.

소풍가는 고양이의 구성원은 하도 다양해서 꼭 맞아떨어지는 자료를 찾기 어렵지만, 2013년 한국청소년정책연구원에서 연구한 내용을 참고하면 우리나라 고졸 비진학자 전체의 첫 일자리 근속 기간은 6.21개월이다. 첫 일자리를 그만둔 이유는 절반에 가까운 49.4퍼센트가 근로 조건 불만족 때문이었다.

업종을 살펴보면 도·소매업(25.3퍼센트)과 숙박·음식점(23.7퍼센트), 그리고 광업·제조업(19.3퍼센트) 순으로 나타났다. 전체 중 절반에 이르는 49.8퍼센트가 임시 근로자[2]로, 고졸 비진학 청소년의 다수가 노동 시장에서 불안정한 위치에 있는 것으로 나타났다. 특히 일반계 고등학교 졸업자의 9.7퍼센트는 일용직 근로자[3]로 일하고 있는데, 이 같은 비율은 특성화 고등학교 졸업자(3.9퍼센트)나 대학 중퇴자(2.3퍼센트)보다 상대적으로 높다.[4] 임시 근로자와 일용직 근로자의 수를 합치면 절반을 넘는 19만 4천여 명에 달한다. 이것은 고졸 비진학 청소년이 애초에 오랫동안 일할 수 있는 일자리에서 배제되고 있다는 뜻은 아닐까?

이에 견주어 장기 근속을 목표로 삼는 소풍가는 고양이의 경우를 보면 이곳을 거쳐 간 청소년과 청년의 수는 6년 동안 총 30명이다. 이 중 입사한 구성원은 15명이고, 나머지 15명은 인턴십 교육을 받았다. 한 해 평균 2.5명이 입사하고, 2.5명이 인턴십 교육을 받은 셈이다. 입사한 경우 평균 근속 기간은 19개월이고, 모두 정규직이며, 이들 중 주식을 소유한 5명의 평균 근속 기간은 37.8

---

2) 임금 근로자 중 고용 계약 기간이 1개월 이상 1년 미만인 사람, 또는 일정한 고용 계약을 하지 않았지만 1개월 이상 1년 미만의 기간 동안 사업 완료의 필요에 따라 고용된 사람을 말한다.

3) 일용직 근로자란 임금 또는 봉급을 받고 고용되어 있지만 고용 계약 기간이 1개월 미만인 사람, 또는 일정한 사업장 없이 떠돌아다니면서 일한 대가를 받는 사람을 말한다.

4) 김지경·이광호, 「후기청소년 세대 생활·의식 실태조사 및 정책과제 연구 Ⅱ — 고졸 비진학 청소년을 중심으로」, 한국청소년정책연구원, 2013, 104·109쪽.

개월이다. 입사한 구성원의 근속 기간을 자세히 살펴보면, 1년 이상 9명(60퍼센트), 2년 이상 5명(33퍼센트), 3년 이상 3명(20퍼센트), 4년 이상 1명(7퍼센트)이다. 현재 5명이 일하고 있으니 그동안 10명이 퇴사했다. 이들이 퇴사한 이유는 하고 있는 일에 전망이 없어서 그만둔 경우가 30퍼센트로 가장 높고, 근로 조건 불만족과 가족 사업 참여가 각각 20퍼센트로 그다음을 차지한다.[5] 숫자의 세계는 맥락을 모르면 속을 수 있으므로 조심해야 하지만, 과연 우리는 '한 일터에서 오래 일하며 성장하기'에 대한 비밀의 문을 연 것일까?


## 일하면서 배운다는 것


오래 일하는 일터는 대학에 가지 않는 청소년과 청년에게 매우 중요한 환경 중 하나다. 짧은 노동 경험은 숙련자가 될 수 없게 하며, 비숙련자는 일 속에서 자율성을 얻기 어렵기 때문에 '갑을 관계'의 구속력이 더 명료해진다. 무엇보다 직장을 계속 바꿔야 하는 사람은 사회적 결속뿐 아니라 웬만큼 안정된 미래에 대한 전망 또한 잃어버린다.

---

5) 주식회사를 설립한 2012년 2월 29일부터 2017년 5월 31일까지를 기준으로 삼았다. 인턴십 교육을 받은 뒤 입사한 구성원은 모두 5명인데, 중복으로 셈하지 않고 입사 인원에 포함했다.

일터의 환경도 환경이지만 청소년이 안고 있는 특성도 장기 근속을 막는 걸림돌이다. 청소년이 노동과 관련해 떠올리는 이미지는 평생 해야만 하는 것, 힘든 것, 경쟁해서 성과를 내야 하는 것, 참고 견뎌야 하는 것, 먹고살기 위해 어쩔 수 없이 해야 하는 것으로, 할 수만 있다면 피하고 싶은 것이자 어른 몫을 거뜬히 해내야 하는 겁나는 현장이다.[6] 그래서 일시적이고 단기적인 일자리를 선호하고, 진로 상담이나 취업·직업 교육 등은 제외하며, 당장 손쉽게 선택할 수 있는 아르바이트 정도로 해결하고 싶어 한다.

노동에 대한 이미지에서 볼 수 있는 것처럼 취업은 학교 다음으로 자유를 박탈당하는 (학교보다 더 냉정한) 속박의 현장이기 때문에 결정의 순간을 최대한 미루게 하는데, 이것은 이들이 한 일터에서 장기 근속을 하지 못하는 원인이 되기도 한다. '자유'를 향한 목마름과 노동에 대한 부정적인 이미지, 장기 근속이 어려운 일터 환경이 서로 맞물려 대학에 가지 않는 청소년과 청년의 발목을 잡는 덫이 되고, 사회생활의 단절을 유도한다.

그렇다면 소풍가는 고양이에서 일하며 배운다는 건 무엇이고 어떻게 하는 것일까? 자신이 점점 더 나아지고 있다는 것을 어떻게 알아차릴까? 일에 대한 편견이 많고, 너무나 낯선 살아 있는 일

---

6) 노동에 대한 이미지는 그동안 만났던 청소년과 일본의 은둔형 외톨이 단체인 '문화협동네'의 청년들 인터뷰 내용을 요약한 것이다. 이 이미지는 '텅 빈 시간'이 오래되면 오래될수록 더욱 강화되며, 점차 아무것도 할 수 없다고 생각해 심각한 체념 상태에 놓이게 된다.

의 세계에 막 들어선 이들을 '일하는 사람'이 되게끔 이끄는 것은 참으로 다이내믹한 일상을 보낸다는 것을 의미했다.

소풍가는 고양이에 입사한 청소년과 청년들은 하루가 멀다 하고 실수를 하고, 어제 가르친 걸 오늘 까먹고, 자기 업무가 뭔지 늘 모르고, 설렁설렁 대충대충 일하고, 뒷마무리 안 하고, 말없이 혼자 일하고, 그러다 퇴근 시간이 되면 뒤도 안 돌아보고 가려고 들었다. 심지어 청소하는 법을 가르치는 것조차 너무 힘들었는데, 걸레와 행주의 용도를 구분하지 못할 정도로 집에서든 어디서든 일손을 돕거나 몸을 써서 무슨 일을 해 본 경험 자체가 없었다. 뿐만 아니라 다른 직장 경험이 없고 어디서도 노동 교육을 받은 적이 없기 때문에 부당 노동에 관한 것까지 일일이 짚어 줘야 할 정도로 노동에 특히 무지했다.

가장 어려운 점은 수동적이라는 것이다. 지시받은 대로만 하기 때문에 이런 태도를 깨는 데 시간이 엄청 오래 걸린다. 스스로 생각하는 습관을 길러 주기가 쉽지 않다. 생각하려면 정보가 있어야 하고, 무엇이 정보인지 판단하려면 일의 기초를 알고 있어야 한다. 그래서 그 일과 관계, 환경에 익숙해질 때까지 기다려 주고, 예측하지 못한 상황이 벌어졌을 때 혼자 해결하라고 내버려 두지 않고 어떻게 하면 좋을지 옆에서 계속 조언하면서 같이 해결한다. 문제를 해결한 다음에는 문제의 본질이 무엇인지를 놓고 다 같이 이야기를 나눈다. 이렇게 이들은 능동적인 문제 해결 능력을 길러 나갔다.

이처럼 일하는 태도와 자세부터 매일 하는 업무, 다양한 상황 판단에 대한 옳고 그름, 좋은 것과 나쁜 것, 자신과 타인의 권리·의무까지 일 하나하나에 담긴 수많은 의미를 모두 가르치고 일 속에서 스스로 깨치는 환경을 만들어야 했다.

예컨대 일 속에서의 자율성이란 무엇인가? 동료 관계는 어떻게 만들어지는가? 회의는 어떻게 해야 하는가? 청소년 구성원의 의견을 어디까지 받아들여야 하는가? 업무 지시와 잔소리는 어떻게 다른가? 어른과 꼰대는 어떻게 다른가? 자기 일을 다 하지 못했을 경우 퇴근해도 좋은가, 아니면 남아서 끝까지 해야 하나? 그렇다면 이것은 초과 근무인가, 아니면 역량 부족인가? '주인'의 책임은 어디부터 어디까지인가? 꼼꼼함을 어떻게 가르쳐야 하는가? 포기하지 않는 근성과 노력하는 자세는 어떻게 길러지는가?

이런 내용은 이들이 그동안 접해 온 교육의 내용과 아주 많이 다를 뿐만 아니라 선명하게 손에 잡히지 않는 것이다. 무엇보다 청소년·청년 구성원들은 공부와는 거리가 먼 생활을 해 온 탓에 기초 학습이 부진한 경우가 많고 개개인의 특성과 조건, 사고의 깊이와 욕망이 제각각이라 한 가지 방법으로 가르치기 어려웠다. 이들 덕분에 나는 일과 교육이 동시에 이루어진다는 것의 의미를 재발견했다. 대부분 배움 자체에 흥미를 느끼지 못하기 때문에, 호기심을 느끼고 집중해서 방법을 찾으며 처음엔 서툴고 실패하더라도 좌절하지 않고 여러 번의 시도 끝에 터득하는 재미를 느낌으로써 점점 더 잘하고 싶은 욕구를 품게 하는 것이 핵심이었다. 일과 교육이 동시에 이루어지는 일터를 만든다는 것은 교육이라는 추상적인 가치에 매달리지 않고 더욱 단순하게, 더욱 실용적으로, 더욱 가까이 이들에게 다가가 눈에 보이지 않는 수많은 딜레마와 마주하면서 질문을 던지고 답을 찾아가는 과정 그 자체였다. 그래서 똑같은 걸 가르쳐도 구성원에 따라 다른 방법과 접근법을 고안해야 했고, 상황에 따라 때로는 교사 노릇, 때로는 보호자 노릇, 때로는 허당 어른 노릇, 때로는 고용주 노릇을 해야 했다.

그러나 청소년과 청년 구성원들은 일터를 돈 버는 곳으로만 인식하기 때문에 처음에 입사했을 때는 소풍가는 고양이의 교육에 대부분 갈피를 잡지 못하고 실망하기도 하고 무척 낯설어하며 힘들어했다. 일단 짧은 노동 시간으로 돈을 벌 수 있어서 아르바이트하는 마음으로 가볍게 시작했다가 자기도 모르는 사이에 깊은 수렁으로 서서히 빠져드는 꼴이었다. 이들은 문제 제기도 하고, 반항도 하고, 주눅도 들고, 하하 호호 웃고 떠들기도 하면서 막연히 상상했던 '일'에 대한 공포와 편견을 바꾸고 가랑비에 옷 젖듯 소풍가는 고양이의 일원이 되어 갔다.

물론 신입 어른 구성원도 마찬가지였다. 보통 1년을 넘기는지 마는지가 장기 근속으로 이어질지 말지를 결정하는 잣대가 되는데, 입사한 1년의 시간은 비숙련 상태인 자기 자신을 파악하고 스스로 인정하는 기간이며 장기적인 전망을 취할지 말지를 결정하는 기간이었다. 경력이 생기고 숙련도가 높아지면 자기 방식으로 일할 수 있겠지만, 첫 일터라면 배움 없이는 결코 일을 잘 해낼 수 없다는 사실을 진정으로 받아들여야만 비로소 배움이 시작된다. 이러한 자세는 꾸준히 기회를 마련해서 반복하는 경험을 통해 형성됐다. 당사자들이 소풍가는 고양이의 손에 잡히지 않는 내용과 방법을 '배움'으로 인식하는 순간부터 성장이 시작됐고, 장기 근속으로 이어졌다.


## 소풍가는 고양이의 유통 기한


홍아와 쫑은 이런 과정을 구축하는 데 혁혁한 공을 세웠다. 두 사람이 무엇을 이해하고, 무엇을 깨닫고, 무엇이 부족한지를 기준 삼아 만들었기 때문이다. 그렇게 자란 두 사람은 소풍가는 고양이의 자랑이었다.

그런 반면 두 사람은 폭탄 던지기 선수들이기도 했다. 이들이 성인으로 들어서는 전환기를 일터에서 보내고 있기 때문이다. 전환기는 앞으로 무엇이 올지 명확히 알 수 없지만 한 시기를 끝내고 다음 시기의 바탕을 마련하는, 두 시기의 경계다. 어느 한 시기에 완전히 소속된 게 아니고 양쪽 시기의 일부분에 각각 걸쳐 있다. 쉽게 말하면 어제는 어린애처럼 철없이 말하고 행동했는데 오늘은 언제 그랬느냐는 듯 어른스럽게 말하고 행동한다는 뜻이다. 변덕스럽고 혼란스러운 시기를 보내는 이들은 그래서 충동적인 결정도 자주 내린다. 크리스마스를 앞두고 터뜨린 폭탄처럼 말이다. '사직서'와 '잠수 타기'는 이들이 불만을 해소하거나 문제를 해결하는 강력한 '무기'이자 '권리'였다.

그런데 이번엔 좀 달랐다. 지금까지 해 온 치기 어린 행동이 아니었다. 두 사람은 문제를 인식했고, 그 문제를 해결하기 위해 소통의 끈을 놓지 않았다. 아직도 어린애 같은 이야기를 해서 불안불안했지만, 이런 불안함 또한 내가 이들의 어린 시절을 고스란히 기억하는 탓에 객관적으로 볼 수 없어서 그런 건 아닌지 의심이 들었다. 검증이 필요했다. 우리는 쫑의 퇴사 시기를 미루고 일종의 졸업 프로젝트처럼 두 사람의 매듭 짓기를 계획했다. 홍아는 어른에게 도움을 받는 청소년의 관점이 아니라 운영자의 관점에서 소풍가는 고양이를 살펴볼 기회가 필요했고, 쫑은 소풍가는 고양이가 아닌 다른 곳에서 일하며 자기가 얼마나 준비되어 있는지를 살펴볼 경험이 필요했다.

그래서 상반기에 홍아는 신입 구성원들이 낯설기만 한 소풍가는 고양이에 잘 적응할 수 있게끔 살뜰히 살피는 선배 노릇을 맡았다. 예전의 홍아처럼 막 고등학교를 졸업하고 입사한 구성원들에게 소풍가는 고양이를 설명하고, 업무를 가르치고 도와주는 일이었다. 하반기에는 유명 호텔의 주방을 둘러보고 하루 동안 셰프에게 교육받는 체험을 했다.

쫑은 상반기에는 흥분한 마음을 가라앉히고 소풍가는 고양이의 업무에 집중하면서 자기 실력을 다듬고 미흡한 점을 향상하기

위해 '주문 실수 일지'를 작성했다. 하반기에는 쫑이 무척이나 존경하는 선배, 즉 사회적 기업 '오요리아시아'의 셰프에게 교육받았다. 고맙게도 '오요리아시아'에서 쫑을 위한 한 달 과정의 인턴십 교육 프로그램을 만들어 준 것이다. 나는 두 사람이 충실히 경험할 수 있도록 교육을 받으면서 배우고 깨달은 점을 기록하게 하고 수시로 대화하면서 이들의 변화를 관찰했다. 겉으로는 짐짓 침착하게 행동했지만, 솔직히 말하면 나는 쫑을 떠나보낼 마음의 준비가 되어 있지 않았다.

두 사람의 매듭 짓기가 진행되는 와중에 공교롭게도 신입 구성원들이 몇 달 간격으로 줄줄이 퇴사하는 사태가 벌어졌다. 그러잖아도 쫑의 퇴사 문제로 심란하던 터라 1년을 넘기지 못하는 신입 구성원들이 많아지는 원인이 무엇인지 고민이 됐다. 장기 근속이 가능한 교육과 일터 환경을 만들었다고 생각했는데, 이런 예상치 못한 상황은 내게 큰 혼란을 안겨 주었다.

혼자 끙끙 앓다가 경험 많은 선배 기업가를 찾아가 고민을 털어놓고 그의 경험을 새겨들었다. 그는 내게 그동안 구성원들에게 교육적으로 좋은 일터를 만들었다면, 이제는 소풍가는 고양이에 머물든 머물지 않든 여기에서 쌓은 경험과 경력이 사회와 이어지는 체계를 만들 차례라고 조언했다. 나는 그동안 소풍가는 고양이가 모든 구성원들이 원하는 만큼 평생 일할 수 있는 일터이자 학교가 되어야 한다고 생각해 왔다. 그래서 떠나는 것은 머물기 좋은 곳이 아니라는 의미인 줄 알았는데, 떠나는 것도 성장의 한 축이라니 심란한 마음을 감출 수 없었다.

나는 이번엔 청소년과 청년 구성원의 마음에 누구보다 잘 공감하고 가장 밀접하게 지낸 홍아와 이야기를 나누었다.

나     홍아는 고등학교 졸업하자마자 소풍가는 고양이를 시작했는데, 그때는 이만큼 일하고 있을 거라고 생각했니?

홍아     아니. 자유롭게 살 줄 알았지. (웃음)

나     자유롭게 살고 싶었는데 지금은 일터에 매여 있잖아. 일에 대한 생각이 어떻게 바뀌었어?

홍아     예전에는 내가 왜 이러고 있지? 내가 이걸 할 사람이 아닌데? 그랬는데 지금은 내가 좀 성숙해진 것 같아. 옛날에는 하고 싶은 것이 되게 많았거든. 그때는 그런 마음이 되게 많았어. 그런데 어느 순간에 현실적이 됐지. 내가 자유로워지려면 현실을 직시하며 살아야겠다, 내가 자유로워지려면 어느 정도 가진 게 있어야 한다는 생각? 돈 이런 걸 떠나서.

나     소풍가는 고양이에 들어왔다가 나가는 친구들이 많잖아. 왜 그런 것 같아?

홍아     다 두려운 거야. 이게 진짜 일이 되는 게. 너무 지루하고 그런 마음이 가득하니까. 지루하고 재미없고 혼나니까, 놀고 싶으니까 그만두고 싶고. 그 고비를 못 넘겨. 고비를 넘기려면 일할 수 있는 데가 여기밖에 없을 것 같거나 돈이 필요하거나, 두 가지 중 하나가 절실해야 할 것 같아.

나　소풍가는 고양이에 오는 사람들은 무엇이 필요할까? 그들에게 무얼 줄 수 있을까?

홍아　돈, 소속감, 정상적인 생활. 출근하고 퇴근하고. 이거 하는 사람 많지 않아. 그리고 능력. 여기서 일하면 생기는 능력들. 요리, 칼질, 살림, 일하는 방법, 사람을 대하는 방법 이런 것들.

나　그 친구들은 소풍가는 고양이에게 뭘 주어야 할까?

홍아　뭘 주지 않아도 되지만 굳이 말해야 한다면 성실함. 성실하기만 하면 되거든.

나　너는?

홍아　나는 성실하진 않았지만 일은 열심히 했지. 그리고 이젠 성실해. (웃음)

나　홍아는 언제 성실함이 생긴 것 같아?

홍아　새 구성원이 들어온 뒤로. 이들을 가르쳐야 하고 그러니까. 새 구성원들이 자기 일처럼 안 하니까 답답해져서 내가 달라질 수밖에 없었어.


어느새 홍아는 냉철한 시각으로 상황을 진단하고 자신을 발전시키고 있었다. 나는 그제야 이해가 됐다. 선배 기업가의 말이 맞았다. 홍아와 쫑이 전환을 준비하는 것처럼 소풍가는 고양이도 일터로서 공동체로서 질적 전환을 준비해야 했다.

그것을 위해 '소풍가는 고양이가 나에게 어떤 기회인가?'라는 주제로 1박 2일 동안 모든 구성원과 함께 비전 워크숍을 진행했다. 청소년, 청년, 어른 구성원 모두 모처럼 솔직한 이야기를 나누었다. 이야기를 나누면서 우리는 많은 것을 알고 확정하게 되었다. 그것이 바로 각자, 그리고 회사가 감당할 수 있는 '기간'이었다.

결국 우리는 우리 회사를 '유통 기한이 있는 회사'로 정의하고, 각자의 유통 기한이 어느 정도인지 상의했다. 어떤 구성원은 1년, 어떤 구성원은 몇 달, 어떤 구성원은 오래오래 일하고 싶다고 했다. 이 기간 동안 소풍가는 고양이를 좋은 기회로 삼아 쫑처럼 서양 요리 셰프가 되겠다는 사람, 내 가게를 만들겠다는 사람, 지금 상태가 계속 이어지기를 바라는 사람 등 각자 준비하고 싶은 미래도 다양했다. 이야기는 자연스레 소풍가는 고양이 안에서 가능한 것과 불가능한 것을 구분하는 내용으로 이어졌다. 회사가 모든 걸 뒷받침해 줄 수 없다는 사실을 인정해야 하는 순간이기도 했다.

그 후 놀라운 변화가 생겼다. 구성원들은 큰 짐을 내려놓고 편안해 보였다. 말하면 안 될 것 같은 금기 사항을 터놓고 이야기함으로써 얻는 편안함과 자유로움 속에서 자율적이고 자발적인 분위기가 만들어졌다. 전체 구성원이 한 방향을 보고 걸어가는 문제는 어쩌면 말하면 안 될 것 같은 주제까지 말할 수 있을 때 해결되는지도 모른다는 걸 깨달았다.

또한 내가 꿈꾸었던 '평생 일터'는 환상에 지나지 않는다는 것도 아프게 인정했다. 전체 구성원이 일터라는 '환경' 속에서 각자 무엇을 바라고 무엇을 위해 일하는지를 같이 이야기하고, 그것을 향해 걸어갈 수 있는 환경을 일궈 나가는 게 내 몫의 일이었다. 비전 워크숍을 계기로 나는 비로소 쫑을 떠나보낼 마음의 준비를 마칠 수 있었다.

## 평범한 두 젊은이의 매듭 짓기

충돌 사건이 있은 지 1년이 다 되어 갈 무렵에 홍아와 쫑은 교육받는 사람의 위치에서 '하산'했다. 홍아는 독립 생활자로 살아가기 위해 2016년부터 근무 형태를 6시간제에서 8시간제로 바꾸기로 했다. 그리고 쫑은 외부 인턴십 과정을 거치면서 자기가 무엇을 하고 싶은지 확신을 얻었다며 퇴사를 결정했다. 두 사람은 한 시기를 마무리하고 다음 시기로 담담하게 발걸음을 옮겼다.

예전에 청년 이사를 결정할 당시에 나는 아무 생각이 없었다. 그리고 씩씩이가 나를 다른 사람들에게 소개할 때 나에게 따라붙는 수식어가 부담스러웠다. 정작 나는 그 위치에 있지 않았다. 할 마음이 없었는지도 모르겠다. 결정하고 책임지는 부분은 오로지 어른들 몫이라고 생각했다. 그래서 그냥 아무 생각 없이 일만 한 것 같다.

그렇게 일만 하다가 어느 날 문득 이런 생각이 떠올랐다. 차차와 씩씩이는 무엇 때문에 이렇게 힘들게 일하고 있을까? 그리고 무엇 때문에 이렇게 앞만 보고 달릴까? 이해하지 못했다. 일도 중요하지만 자기 자신을 챙기지 않고 있었다. 그래서 한 번은 차차랑 크게 싸웠다. 여러 가지 불만도 생겼다. 소풍가는 고양이는 죽어라 일만 하라고 만들어진 회사가 아닌데 의아했다. 그리고 그렇게 기계적으로 일하는 차차한테 불만이 생기고 그러다 보니 씩씩이한테도 불만이 생겼다. 그래서 크게 싸우고, 다음 날 큰 주문이 있었지만 출근을 안 했다. 왜냐하면 이 상황이 흐지부지될까 봐 그랬다.

사실 우리는 자주 싸우지만 내 생각을 그동안 솔직하게 전달하지 못했다. 그런 상황이 두려웠기 때문이다. 이번에도 그렇게 하면 서로 힘들어질 것 같아서 큰맘 먹고 메일을 보냈다. 그리고 다음날 이사 회의를 했다. 회의를 한다고 다 해결되진 않지만 그래도 이 상황을 풀어 가려는 우리의 의지가 좋았다. 서로의 속마음도 듣고 의견도 주고받고 얘기를 많이 했다. 그 후로 조금씩 조금씩 해결해 나갔다.

어느 순간 5년 가까운 세월을 소풍가는 고양이에서 보내면서 내 삶의 일부가 되어 버렸다. 삶과 돈은 직결되어 있으니까 그럴 수밖에 없겠다. 그러면서 나에게는 내 삶을 책임져야 할 시기가 오는 동시에 내 안에 있는 소풍가는 고양이를 깊이 고민해 보는 시기가 왔다.

삶에서 자기의 가치관도 정말 중요하지만 돈도 중요하다고 생
각한다. 밥벌이는 해야 하니까. 솔직히 말하면 6시간 근무로 받
는 월급으로 생활하기가 어려워진 시기가 온 것이다. 예전에는
돈 걱정을 안 했다. 그리고 밥벌이가 중요하다는 생각도 못 했다.
지금은 내가 나를 책임져야 하니까 그 무게감이 너무 크다. 경제
관념도 없는 나 자신 때문에 더 힘들다. 그래서 8시간 동안 근무
하기로 했다. 월급을 조금이나마 더 받고 잘 써야 하니까 그렇게
결정했다.

사실 여기를 그만두고 친구가 일하는 곳에 가서 월급을 더 받고
일할까도 생각했지만 소풍가는 고양이라는 회사를 포기하고 싶
진 않았다. 우리 사회에서 소풍가는 고양이보다 좋은 일터를 보
지 못했으니까. 나는 우리 회사가 좋다. 그리고 나는 돈을 벌어
야 한다. 이제 나의 위치를, 긴 세월을, 인정하기로 했다. 뭔가 자
신감이 생긴다. 이제 나도 수식어 값을 하고 싶어졌다. 청년 이
사, 창업자라는 말에 책임감이 생기기 시작했다. 소풍가는 고양
이에서 일하면서 나도 많이 성장한 것 같다. 이제는 결정하고 책
임지는 상황이 두렵지 않다. 해결하려고 매우 노력한다. 내게 소
풍가는 고양이의 일들은 이제 껌이다.

— 2015년 12월, 홍아의 '매듭 짓기' 중에서

"내가 연금술사프로젝트에 지원한 계기는 단순히 돈이 필요했

기 때문이다. 절대로 나는 사회적 약자나 취약 계층이 아니다."

지금 생각해 보면 정말 철없는 때였다. 열일곱 살에 사회에 첫발을 내딛는다는 것만으로도 사회적 약자가 분명한데 나는 그 단어의 뜻을 제대로 모른 채 저런 식의 극단적인 생각을 하며 자기 합리화를 했다. 사실 두려워서 그랬던 것 같다. 특히 익숙했던 나만의 공간을 벗어난다는 것과 사회에 발을 내딛을 시기가 왔다는 것이 그랬다. 그럴수록 나만의 공간으로 깊숙이 들어갔고, 그 공간으로 들어오는 모든 것을 차단하며 방어적인 자세를 취했다.

엄청난 자기 합리화의 세계에 빠져 있다가 두렵지만 사회로 가는 첫발을 내딛었다. 나는 그전까지 뭔가를 1년 이상 끈기 있게 해낸 적이 없었다. 그래서인지 자존감이 상당히 낮은 상태였다. 소풍가는 고양이에서 1년도 안 되는 시간 동안 나의 많은 문제점을 인정하고 변화했다. 하지만 여전히 고쳐지지 않는 문제가 하나 있었는데, 바로 자기 합리화였다.

다른 레스토랑에서의 내 모습은 말 그대로 약자였다. 나의 사회적 위치를 인정할 수밖에 없었고, 인정하고 나니 마음이 후련했지만 먹먹했다. 난 아직 준비가 덜 된 상태였다. 그래서 소풍가는 고양이에서 나의 퇴사 의지를 꺾으며 준비시키고 있었던 것이다. 올해까지만 근무하겠다는 것은 몇 번 밝혔지만 정확한 일정은 정하지 않았다. 인턴십 교육을 받은 후 그 경험을 중심으로 퇴사 이후의 계획을 세웠다. 씩씩이와 상의 끝에 퇴사 날짜를 결정했다. 도망치려던 나를 잡아 주고 때론 기다려 주던 소풍가는 고양이인데, 이제는 정말 떠날 때가 됐다. 5년은 준비 기간이라고 하기엔 긴 시간이었지만 나에겐 적당했다.

조급했던 마음을 잠시 내려놓고 하나씩 천천히 준비할 시간을 벌었다. 지난 시간을 돌아봤는데 이상하게도 철없던 때가 후회되지 않는다. 언젠가 몸으로 부딪쳐 봐야 성장한다고 무책임한 말을 했었는데, 지금 이 상황에 잘 맞는 말인 것 같다. 지금의 내가 되기 위해 이리저리 부딪히며 갖은 실패를 겪은 시간이 참 고맙다. 그런 의미에서 이번 퇴사는 정말 뜻깊다. 이 모든 걸 내 경험을 바탕으로 판단했고, 결정했다. 그리고 이 결정을 책임지겠다고 다짐했다. 스스로 판단하고 결정하고 책임지는 것. 내가 몸담았던 소풍가는 고양이라는 회사의 모토다.

— 2015년 12월, 쫑의 '나를 알아 가는 과정' 중에서

쫑은 그렇게 퇴사했다. 나이는 달라도 두 사람은 우연인지 필연인지 같은 해 같은 시기에 시작했고, 같은 해 같은 시기에 자기 삶의 중요한 결정을 내렸다. 한 사람은 이곳에 남기로 했고, 한 사람은 이곳을 떠나 새로운 길로 나섰다. 성인으로 들어서는 전환기의 젊은 개인이 갑자기 독립적인 삶을 생각한다는 것은 매우 역설적이고 끔찍한 불안에 직면해야 하는 일이다. 아주 많은 것이 가능하지만 어떤 일도 일어나지 않고, 평생 이어질 결정을 내려야 하

지만 그만한 결정을 내릴 만큼 충분한 삶을 살지 않았기 때문이다. 이런 역설과 불안은 청소년과 청년 구성원의 잦은 입사와 퇴사의 원인이 되었고, 그리하여 한 줌밖에 안 되는 이들이 남았다.

소풍가는 고양이는 이들에게 혼란과 고통을 피하지 않고 대면하게 하는 사회적 장소였다. 이곳에 머무는 청소년과 청년들은 철 없어 보이지만 유머가 있고, 대단한 근성이 있는 건 아니지만 쉽게 기죽거나 포기하지 않으며, 쩔쩔매지만 헤쳐 나갔다. 이곳에서의 시간과 경험이 젊은 개인들에게 무엇으로 기억될지는 확신할 수 없다. 또한 나는 청소년 전문가도, 사람의 성장과 발달에 능통한 전문가도 아니기 때문에, 이들이 온몸으로 표출하는 성장통 같은 몸부림을 같이 겪고 기억하고 기록하면서 이들이 '어떤 사람'이 되어 가는 과정을 응원하고 지켜볼 뿐이다. 힘겹게 살아 내는 노동이 아니라 성찰하고 보람을 느끼게 하는 노동이 대학 진학보다 나은 선택이었기를 바라면서.

# 어른으로 행동할
# 기회

우리가 어느 정도까지 스스로의 주인이 될 수 있는지에 초점이 맞춰져 있다.
사회적 · 개인적 삶에서 우리 모두는 욕구와 의지의 한계에 부딪히게 된다.
혹은 자신과 타인들의 요구가 상충하는 경험도 한다.
이 경험에서 우리는 겸손을 배우게 되며, 윤리적 삶을 진작함으로써
삶 속에서 우리 외부에 있는 것들을 인식하고 존중하게 된다.
하지만 의지가 없는 수동적 존재로서는 아무도 살아남을 수 없다.
우리는 적어도 자신이 살아가는 방식을 만들어 보려는 시도는 해야 한다.

－리처드 세넷, 『투게더』 중에서

## 우연찮게 시작된 변화

창업 후 몇 년 동안 적으면 4명, 많으면 6명 안팎의 사람들이 자그마한 가게에서 복작복작 일하면서 구성원들 집의 숟가락 수까지 알 정도로 공과 사의 경계를 넘어 서로 가깝게 지냈다. 혈연 가족은 아니지만 대안 가족처럼 지내면서 어디든 같이 몰려다녔고, 무엇이든 함께했다. 특히 보육원 출신 청소년과 청년은 실제로 가족 없이 독립해서 홀로 살았기 때문에 그들에게 소풍가는 고양이는 비빌 언덕이 되어야만 했다.

그래서 누가 이사라도 하면 우르르 몰려가서 이사를 도왔고, 내가 사는 집은 구성원들이 어느 때고 들락날락하는 열린 공간이었다. 큰 주문을 앞두고 일찍 출근해야 할 때면 혹여 지각할까 봐 구성원을 모두 한곳에서 재우거나 새벽에 데리러 가고, 밤늦게 끝나면 데려다주면서 그들의 부모나 친구들과도 알고 지냈다. 모든 청소년과 청년 구성원들이 이런 식의 보살핌을 좋아했는지는 나중 문제였다. 학교를 벗어나면 사회적 안전망이 사라지기 때문에 어른인 차차와 내가 앞장서고 청소년과 청년 구성원들은 따라오는 모양새일지라도 해야만 했다. 이런 분위기는 우리를 똘똘 뭉치게 했다.

그러나 물리적인 일터 환경은 불안한 상황이었다. 서로 몸을 부딪혀 가며 일할 정도로 좁아터진 가게는 효율이 떨어졌고, 소화할 수 있는 주문량이 적어서 쥐꼬리만 한 월급을 개선할 방법이 보이지 않았고, 성미산 마을에도 젠트리피케이션의 바람이 불면서 조만간 우리 가게도 월세가 턱없이 오르거나 쫓겨날 수 있다는 현실을 실감했다. 쫓겨날 걱정 없고 작업의 효율성을 높여 줄 공간 마련이 급선무였다.

그때 운 좋게 성미산 마을 공동 주택 지하의 널찍한 공간에 저렴한 가격으로 입주할 수 있는 기회가 찾아왔다. 나와 구성원들은 쫓겨나지 않아도 되는 이른바 '우리 집'이 생기는 것은 좋았지만 큰 빚을 져야 할지도 모르는 상황 앞에서 움찔했다. 지금도 한 해 한 해 겨우겨우 해 나가고 있는데 앞으로 수익을 남겨 빚을 갚아야 한다는 부담감 앞에서 우리는 한없이 작아졌다.

"어떻게 하면 좋을까요? 수익이 발생하면 함께 나누는 것처럼 빚도 함께 책임져야 하기 때문에 청소년과 청년 이사들이 찬성해야만 결정할 수 있어요."

나도 그랬지만 청소년·청년 이사들도 앞날을 예측하기 어렵다 보니 다들 쉽게 입을 열지 못했다.

"정확히 어떤 상황인지, 그리고 앞으로 어떤 상황이 올지, 내가 뭘 할 수 있을지 감이 안 와요."

매미가 말했다.

"뭐……, 그건 나도 마찬가지예요. 다만 실감이 되는 건 빚을 다 갚기 전까지 회사를 떠나면 안 되겠구나 정도?"(웃음)

농담처럼 툭 던졌지만 사실 경험이 부족한 우리가 할 수 있는 일은 그것뿐이었다. 비록 나중에 빚을 함께 책임지겠다는 약속을 지키지 못할지라도 그 순간에는 서로를 믿고 큰 결정을 내리는 것 말고 다른 방법이 없었다. 드디어 우리는 용기를 내기로 했고, 새로 들어갈 가게를 계약했다. 그 뒤 나는 자금을 마련하려고 분주히 뛰어다녔는데, 하늘이 도왔는지 걱정했던 것보다 순조롭게 이루어졌다. 아니나 다를까, 집 짓는 공사가 막 시작됐을 때 가게 주인에게서 나가 달라는 통보를 받은 우리는 가슴을 쓸어내렸다.

달팽이처럼 더디게 성장하던 소풍가는 고양이는 상황이 묘하게 맞물리면서 그렇게 갑자기 몸집이 커졌다. 가게가 2배로 넓어졌고, 일하는 구성원이 2배로 늘었고, 작업 공간과 장비가 좋아지면서 소화해야 하는 주문 양도 2배 많아졌고, 버는 돈도 2배였지만 쓰는 돈도 2배가 됐고, 손님들의 기대치도 2배로 높아졌다. 소풍가는 고양이에서 일해 온 그 누구도 이렇게까지 성장하리라고 예상하지 못했지만, 어느새 우리는 회사 꼴을 갖추며 조직이 되어 갔다. 이것은 서서히 많은 것을 달라지게 했다.

가장 큰 변화는 구성원들이 다양해진 점이었다. 소풍가는 고양이를 지탱하는 두 기둥 중 하나가 청소년과 청년이라면, 다른 하나는 어른이었다. 창업 초기에는 창업자로 함께 일하면서 보살피고 교육하는 어른 2명(차차와 나)이면 충분했는데, 규모가 점점 커지면서 감당할 수 없는 전문 영역이 생겼다. 그래서 퇴사가 잦은 청소년과 청년의 특성을 보완하는 한편, 이들의 실력을 향상하고 음식의 맛과 품질을 안정적으로 유지하며 돈이 들고 나는 것을 잘 관리하여 회사의 체계를 만들기 위해 순차적으로 회계 행정, 다과와 조리 경력자를 구성원으로 맞아들였다. 그렇게 해서 어른 구성원은 모두 5명이 되어 청소년·청년 구성원의 수와 비슷해졌다.

또한 새로 영입한 청소년·청년 구성원도 예전 구성원들과 달리 창업이 아니라 '취업'인 까닭에 역량과 경험, 동기가 제각각이라서 출발선이 고르지 않았다. 이처럼 소풍가는 고양이의 사회적인 의미와 역사와 청소년·청년이 겪고 있는 곤란함을 잘 아는 사람과 모르는 사람, 역량이 많은 사람과 적은 사람, 나이가 많은 사람과 어린 사람, 사회 경험이 풍부한 사람과 부족한 사람 등 달라도 너무 다른 사람들이 생존 경쟁의 현장인 '일터'에 모여 함께 밥벌이한다는 것은 상상과는 다른 현실을 만들어 냈다.

우선, 문화가 바뀌었다. 인원이 늘어나고 업무가 다양해지면서 가족처럼 작은 일 하나라도 상의하면서 동고동락하던 예전의 소소한 일상은 사라졌다. 갑갑하고 활기가 사라졌다 싶을 때 시간을 쪼개 잠깐 동네 나들이를 다녀오거나, 도시락을 싸면서 수시로 회사 운영 정보를 나누고 빠르게 의사 결정을 하는 건 이제 불가능했다. 전체 구성원이 한자리에 다 같이 모이려면 따로 날짜와 시간을 정해야 할 정도였기 때문에 함께 움직이고 서로 소통하고 의견을 모아 결정하기까지 시간이 걸렸다. 그러다 보니 일상의 지루함을 벗어나는 돌발적인 재미가 없어지고, 모두 이해할 때까지 하나하나 차근차근 설명하는 것이 어려워졌다.

그다음으로 세대 갈등이 나타났다. 그동안 '어른'과 '청소년·청년'의 구분에 별다른 거부감 없이 일했는데, 어른 구성원이 많아지니 구분이 뚜렷해지면서 청소년과 청년은 어린 존재, 생산 능력이 부족한 존재, 의존하는 존재, 미성숙한 존재로 이미지가 굳어지고 있었다. 일이 많아질수록 둘 사이의 성장 속도와 실력 차이가 뚜렷해지면서 앞서가는 사람은 어른, 뒤처지는 사람은 청소년과 청년으로 나뉘었다. 그러다 보니 청소년과 청년은 자기 스스로 결정할 수 있는 통제권을 점점 상실하고, 통제권은 어른에게로 넘어갔다.

문제는 어른은 강자, 청소년과 청년은 약자라는 위치를 구성원 모두 자연스럽게 받아들인다는 점이었다. 이것은 예상과 달리 일방적이지 않고 상호적으로 이루어졌다. 주도권과 통제권을 서로 뺏고 뺏기기도 했지만, 청소년과 청년 스스로 내주기도 하고 옳다

구나 떠넘기기도 하면서 묘한 힘겨루기가 생겼다.

"저도 다른 직장에서 고등학교 졸업하자마자 들어온 청년과 일해 본 경험이 있는데, 목표가 있어서 그런지 하나라도 더 배우려고 애를 쓰더라구요. 그런데 소풍가는 고양이의 청소년과 청년들은 그런 모습이 안 보여서 어떻게 대해야 할지 모르겠어요. 분명히 가르쳐 줬는데도 기억이 안 난다면서 계속 물어보는데, 그게 잘하려거나 배우려는 욕심 때문이 아니고 어른에게 물어서 편하게 해결하려는 걸로 보여요. 그런 점이 달라요."

어른 구성원들은 소풍가는 고양이의 청소년·청년 구성원들을 이해하지 못했다. 이런 갈등은 사다리를 타고 올라가, 맨 꼭대기에 있는 강자 중의 강자인 '대표 이사'에게로 통제권이 집중되고 상하 관계가 만들어지는 현상이 나타났다. 처음에는 나도 잘 몰랐다. 그저 구성원이 다양하고 많아짐에 따라 관계가 달라지고 그로 인한 스트레스 강도가 높아진 줄로만 알았다. 그런데 시간이 흐를수록 대표 이사 1인 체제가 점점 단단해지는 것이 피부로 느껴졌다. 마치 신문고가 울리듯 대표 이사를 찾아와 하소연하는 구성원이 늘었고, 대표 이사가 개입해서 중재하거나 정리해야 하는 일도 많아졌다. 그럴수록 뭔가 보이지 않는 힘이 작동하는 것을 느꼈는데, 이 현상이 전혀 자연스럽지 않았다.

그제야 나는 주도권 싸움에서 진 패잔병들의 목소리를 통해, 생존의 불안정성이 뿌리 깊은 우리 사회에서 일터는 생존 경쟁에서 살아남아야 하는 구성원들끼리의 총칼 없는 우아한 전쟁터일 수 있다는 점을 깨달았다. 이것은 보통 일터에서는 자연스러운 일일지 모르지만 소풍가는 고양이에서는 낯선 상황이었다. 그동안 묻혀 있던 문제들이 수면 위로 떠올랐다.


## 서로 이해하기 어려운 사람들끼리 협력이 가능할까?


나는 예기치 않은 상황을 통해 '성장'의 의미를 생각하게 됐다. 코딱지만 한 규모일지라도 우리는 생산 규모를 2배로 확장했고 나름의 대량 생산 체제를 갖춰 가고 있었다. 이것이 대부분의 회사가 성장해 가는 방식이며, 우리에게도 성장의 기회가 찾아온 것이다.

그러나 나는 규모가 커지면 회사 사정이 어떻게 변하는지를 알지 못했다. 50명, 100명이 일하는 회사도 아니고 겨우 10여 명이 일하는 가게에서 '양적 성장'을 운운하는 게 적절한지도 알 수 없었다. 그래서 지금 소풍가는 고양이에서 벌어진 상황이 성장을 위해 반드시 거쳐야 하는 과정인지, 아니면 우리가 추구해 오던 가치가 위기를 맞이한 것인지 구별하기 어려웠다.

그러나 물질을 흡수하여 규모를 확장하는 양적 성장이라는 물리적 환경일지라도 우리의 잠재력을 확인하고 깨달아 가는 질적 성장이 필요한 건 사실이었다. 중요한 것은 질적 성장의 내용이었다. 다양한 구성원이 한 일터에 모인 것을 통해 나는 사람마다, 회사마다, 사회마다 '먹고살기의 방식'이 다양하다는 것을 다시금 새롭게 알았고, 덕분에 우리가 그동안 무엇을 피해 왔는지를 비교해 볼 수 있었다.

어른과 청소년·청년으로 갈라진 구도는 실력의 높고 낮음, 나이의 많고 적음으로 초점이 모이면서 '생산성의 우월한 지위 다툼'이 만들어 낸 결과였다. 엄밀히 말해 이것은 경쟁이다. 우리가 무조건 경쟁을 거부하는 것은 아니다. 우리도 안팎으로 경쟁을 한다. 그러나 승자 독식의 경쟁, 양보 없는 경쟁은 거부한다. 이런 경쟁은 의존을 허용하지 않기 때문이다. 이런 경쟁은 대등한 실력을 겨룰 때에만 '윈-윈 교환'이 이루어진다. 불균형한 교환은 의미가 없다. 따라서 의존하는 사람은 생산 능력이 부족한 존재, 내게 도움이 안 되는 귀찮은 존재, 완전한 사람으로 인정받지 못하는 미성숙한 존재로 여겨진다.

존재 자체를 인정하지 않는, 존중과 신뢰가 결여된 자리에는 스스로 결정할 수 있는 자기 통제권이 들어설 자리가 없다. 자기 통제권과 자율성이 없으면 윗선의 지시 없이는 아무것도 할 수 없고 어떻게 움직여야 할지 막막하다. 지시받는 사람이 지시한 사람의 의도를 파악하지 못하면 일을 제대로 수행할 수 없고, 업무 수행보다는 인정받는 것이 더 중요하기 때문에 의존하며 눈치를 보거나 일을 제대로 못해서 결국은 '능력이 부족한 존재'로 재확인되는 악순환에 빠진다. 버금가는 실력으로 자신의 존재를 증명하지 못하면 통제권은 돌아오지 않는다. 지시와 교육, 복종과 협력은 한

끗 차이이고, 경쟁은 승자와 패자를 갈라 능력과 나이순으로 상하 관계를 형성하는 근거가 되며, 일터 문화에 큰 영향을 끼친다.

점차 상황을 이해하면서 회사 규모가 커질수록 이런 일은 거듭 일어날 것이므로 그리 특별한 상황은 아님을 알았다. 우리가 일반 기업이라면 들인 노력에 대한 결과를 극대화하는 방법으로써 양적 성장과 더불어 구성원들 사이의 생산성 경쟁을 반겼을지도 모르겠다. 그렇지만 나는 이런 성장 방식에 대해 자문하고 다른 방법은 없는지 궁리하고 있었다. 우리에게 어떤 방식의 성장이 적절한지, 시장의 치열한 생존 경쟁 앞에서 우리는 어떤 식의 경쟁력을 갖춰야 할지 고민했다. 고민은 깊어졌고, 해결책은 쉽게 찾아지지 않았다.

그도 그럴 것이, 이 고민은 서로가 서로를 돕는 이상적인 일터를 꿈꾸는, 강자 중의 강자인 대표 이사의 시선에서 출발했기 때문이다. 아직도 구성원들은 소풍가는 고양이의 낯선 상황을 서로 성격이 맞지 않아서 긴장감이 생긴 것으로 이해했다. 그래서 청소년과 청년 구성원은 그들대로, 어른 구성원은 또 그들대로 자기 성격이 어디가 모났는지 점검하면서 때로는 자기 탓을 하고 때로는 상대 탓을 하며 마음고생을 하고 있었다. 그러니 내가 아무리 구성원들에게 "경쟁하지 마세요. 우리는 질적 성장을 해야 합니다."라고 말한들 그것은 지시일 뿐이고 공허한 말잔치에 불과하다. 구성원들이 문제가 무엇인지를 정확히 아는 게 더 중요했다.

나와 너, 우리 자신과 회사의 실체를 제대로 살펴보면서 청소년과 청년은 정말 미덥지 못하고 어설픈 존재인지, 서로 이해하기 어려운 사람들끼리는 일터에서 평등하고 협력적인 관계로 일할 수 없는 것인지, 서로 의존하며 먹고살기를 해결하는 일터는 환상인지에 대해서 '합리적 의심'을 품어야 했다. 그러려면 먼저 구성원 모두 현실을 똑바로 보고 문제를 인식하는 경험이 필요했다. 그런 경험을 통해 무엇을 깨달을 수도 있고, 아무것도 깨닫지 못할 수도 있다. 어쩌면 내가 틀렸을 수도 있다. 그래도 내가 나서서 섣부른 진단과 해결책을 제시하는 것보다는 효과가 있지 않을까?

고심 끝에 나는 생산 영역을 담당하는 청소년·청년과 어른 구성원 8명이 가장 장사가 잘되는 안전한 시기에 소풍가는 고양이를 온전히 운영하고 책임지게 하는 모험을 제안했다.

"기대되는 면도 있지만 불안한 마음이 더 커요. 전부 스스로 결정해야 하는데, 그때 문제가 생기면 어떻게 처리해야 하나, 일하다 보면 이런저런 갈등도 생길 텐데 어떻게 해결해야 하나 걱정되거든요. 그러다가 도중에 빠지거나 포기하는 사람이 생길까 봐 불안해요."

"상황이 어떻게 변할지 모르기 때문에 이런 경험이 나를 변하게 하는 계기가 될 것 같아 좋아요. 불안함과 두려움도 있지만 그건 감당해야 할 몫이라고 생각해요. 결과는 구성원들의 의지가 어느 정도인지에 따라 달라질 것 같아요."

구성원들은 서로에 대한 믿음이 약간 부족한 상태였다. 그러나 우리는 여러 번 상의한 끝에 3개월 동안 모험을 하기로 결정했다. 총괄하고 관리하던 사람들(나를 포함한 3명)은 운영에서 빠지는 대신 언제든 문제가 생기면 달려가는 지원 업무를 맡았고, 자리를 내주기 위해 출근하는 날을 줄였다. 이제 돈을 벌고 쓰고 자기들 월급을 챙기고 그러고도 돈이 남았을 때 어떻게 할지는 모두 그들 손에 달렸다.

## 눈에 붙은 콩깍지가 떨어지면 뭐가 보일까?

8명의 구성원은 '자치 운영'이라는 배에 올라타고 미지의 세계로 모험을 떠났다. 어떤 이는 부푼 가슴으로, 어떤 이는 감조차 잡지 못한 채 항해를 시작했다. 아무리 작은 팀이라도 책임자는 있어야 하는 법인데, 희한하게 어른 구성원 1명, 청년 구성원 1명이 자진해서 손을 들었다.

모든 것이 순조로워서 처음엔 평소와 달라진 점이 없다고 여겼다. 오히려 자치 팀은 모든 것을 자기들이 판단해서 결정할 수 있는 권한에 대해 해방감과 자유를 느끼는 것 같았다. 그러면서 "어디까지 할 수 있는지 끝까지 해 보자."며 결의를 다지고 예전에는 없던 엄격하고 새로운 규칙까지 정했다.

그러나 얼마 지나지 않아 사건 사고가 이어졌고, 주문이 많아질수록 사건 사고는 눈덩이처럼 불어나 걷잡을 수가 없었다. 손님의 불만이 접수되기 시작했고, 문제의 실체가 선명해졌다. 자치 기간 동안 벌어진 사건 사고 횟수와 손해액은 어마어마했다. 처음 두 달 동안은 사흘에 1건씩 발생했다. 창업하고 지금까지 이렇게 짧은 기간 동안 이렇게 많은 업무 미숙과 손해는 처음이었다. 사건 사고를 일으키는 주범은 청소년과 청년이었다. 드디어 우리 눈에 붙은 콩깍지가 떨어졌고, 우리는 깊은 시름에 빠졌다. 물론 어른 구성원이라고 사건 사고를 일으키지 않는 건 아니었다. 다만 문제를 해결할 수 있느냐 없느냐, 앞으로 비슷한 사건 사고를 또 일으키느냐 아니냐, 직접적인 손해로 연결되느냐 아니냐가 달랐다. 끝없이 이어지는 사건 사고를 겪으면서 늘 일하던 일터, 늘 하던 업무에 대한 자치 팀의 체감도가 달라졌다.

그런데 사건 사고와 짝을 이뤄 나란히 등장한 것이 '갈등'이었다. 기억을 더듬어 보면 자치를 시작하고 겨우 18일째 되던 날 갈등의 도화선에 불이 붙은 것으로 추측된다.

이날 저녁 주문 배달은 총 4건. 이 중 3건을 순차적으로 배달하기 위해 A가 차에 싣고 출발. 30여 분 후 걸려 온 한 통의 전화는 그야말로 '폭탄'이었음. 첫 번째 배달을 마치자마자 차량 사고가 터짐. A가 후진하면서 정차해 있던 관광버스를 받았고, 사고 처리 때문에 남은 배달 2건이 일순간 정지됨. 멘붕에 빠진 A를 대신해 가게는 비상사태 돌입. 초읽기로 상황을 파악하고 대책을 마련해야 하는 시점이라 난리가 남. 부랴부랴 보험 회사에 전화를 걸어 사고 접수를 하고, 서둘러 퀵서비스 차량 2대를 사고 현장으로 보내고, 퇴근 중이던 B를 얼른 두 번째 배달지로 출동시키고, 손님들에게 연락해 사정을 설명함. 계획대로 딱딱 맞아떨어지기를 간절히 바랐지만 모든 것이 꼬임. "언제 도착하느냐."는 손님들의 전화로 전화통에 불이 남. 퀵서비스가 늦어서 배달 시간을 훌쩍 넘겨 두 번째 배달지에 도착했는데, 식사를 기다리던 손님 중 반이 이미 떠난 상태. 미리 도착해 있던 B는 사태 수습이 어려워 난감해하며 가게로 연락함. 환불해 드리기로 결정함. 세 번째 배달지도 늦음. 그 와중에 가게에서는 네 번째 배달을 위해 C가 퀵서비스 차량을 타고 출발. 다행히 제시간에 도착했지만 가 보니 거기가 아니었음. 주문 접수자가 주문 캘린더에 단체명과 배달 장소를 바꿔 기록했던 것. 서둘러 다시 이동. 이번엔 케이터링 앞 접시를 가져가지 않은 사실을 뒤늦게 알아차림. 가게에 남은 D가 케이터링 앞 접시를 전달하기 위해 서둘러 택시를 타고 이동했지만, 길이 막혀 제시간에 도착하지 못할 상황 발생. 결국 C는 배달지에 도착하자마자 손님에게 사정을 설명한 뒤 인근 편의점으로 달려가 일회용 접시를 사다가 대처함. 4시 30분 최초 사건 발생 후 3시간이 지난 7시 30분에 모든 상황이 끝남.

이날 우리는 모든 것이 꿈이기를 바라며 끝날 것 같지 않은 악몽 같은 시간을 보냈다. 차량 사고, 장소를 잘못 적은 것, 케이터링 앞 접시를 챙기지 않은 것은 공교롭게도 청소년과 청년이 일으킨 사건 사고였다. 하루도 조용할 날이 없다 보니 자치 팀은 신경이 곤두섰다. 사건 사고의 내용이 가볍지 않고, 보완되지 않은 채 같은 사고가 거듭 일어났기 때문에 점점 긴장도가 높아졌다.

모두들 좀체 사그라지지 않는 사건 사고에 조금씩 지쳐 갔고 해결 방법을 몰라 쩔쩔매는 과정에서 여러 갈등이 불거졌다. 자치 운영을 시작할 때만 해도 의지만 있으면 눈앞에 닥친 모든 문제를 다 해결할 줄 알았는데 정작 현실이 따라 주지 않으니 "주인 의식이 덜한 탓, 청소년과 청년의 역량이 부족한 탓, 책임자들이 제 역할을 하지 않은 탓, 남의 일처럼 나 몰라라 식으로 적극성이 부족한 탓"이라며 서로 원망하는 목소리가 높아졌다.

무엇보다 청소년·청년 구성원의 다수가 사건 사고의 주범이었기 때문에 개개인의 역량과 상관없이 그들의 이미지는 '마음은 착한데 실력이 부족한 골칫거리'로, 어른의 이미지는 '해결자·책임자·지시자'로 점차 굳어지는 것 같았다. 그동안 잠재해 있던 서로에 대한 불만과 불신, 실력 차이, 위아래가 한눈에 확인되는 순간이었다.

"씩씩이, 청소년과 청년 구성원이 자율적이지 않은데 왜 이렇게까지 그들의 자율성에 기대어 일해야 하나요?"

자치 기간 중에 상담을 요청한 구성원이 많았는데, 그중 인상 깊었던 어른 구성원의 질문이다. 자치 자체에 대한 회의적인 질문이 아니라 자치를 통해 새삼 발견하게 된 자율성과 자기 결정권에 대한 질문이었다.

다른 청년 구성원은 내게 이렇게 말했다.

"직접 해 보니까 공정과 공평이 이렇게 어려울 줄 몰랐어요. 그전에는 당연한 걸로 여겼는데 말이죠."

그들의 이야기 뒤에는 이런 말이 생략되어 있었다.

'우리 모두는 평범한 개인일 뿐인데 이렇게까지 해야 하나요? 최선을 다해도 안 되는데 언제까지 해야 하나요? 나 혼자만 계속 애쓰는 것 같은데 그런다고 뭐가 달라질까요?'

결국 자치 팀은 열의를 불태웠던 목표와 규칙을 소리 없이 내려 놓았다. 사건 사고를 감당하지 못해 주문을 적게 받는 것으로 문제를 해결하려는 소극적인 태도를 취하게 된 것이다. 당연한 결과 겠지만 주문을 조정하니 매출이 하락했다. 지원 팀도 고심에 빠졌다. 어디부터 어디까지 개입하고 스스로 해결하도록 지켜봐야 할지 적정선을 알 수 없었기 때문이다. 또 이런 식으로 가다가 평판이 나빠져 손님을 잃는 건 아닌지, 무엇보다 자치 팀의 사기가 저하되는 것을 어떻게 회복시켜야 할지 몹시 난감했다.

시간이 흐를수록 살얼음을 걷는 것처럼 위태로운 나날의 연속이었다. 언제 어디서 사건 사고가 터질지 알 수 없어 모두들 새가슴이 됐다. 가장 주문이 많은 달에는 체력적·정신적으로 힘들어 모두들 버텨 내기에 급급했다. 손발이 맞지 않을 때면 누구 책임인지 따지기도 하고, 그 와중에 일어난 사건 사고에 대해서는 체념과 자조 섞인 뒷수습과 땜질을 했고, 그럴 때면 입을 꾹 다문 채 팽팽하고 무거운 분위기에서 몸만 움직였다.

지원 팀은 보다 못해 응급 처치에 나섰다. 다시 본래 목표로 돌아가 모든 주문을 무리 없이 잘 소화할 수 있도록 자치 팀을 독려하고, 역량 부족과 팀워크는 당장 해결할 수 없으므로 자치팀과 함께 주문을 소화했다. 덕분에 매출이 다시 올랐지만 급기야 "자치가 얼른 끝나면 좋겠다."는 말이 자치 팀에서 흘러나왔다. 그리고 얼마 후 자치는 끝났고, 목표했던 돈은 벌었다.

## 피하지 말고 제대로 돌아보기

모험을 마치고 모두들 제자리로 돌아와 똑같은 일상을 다시 시작했다. 그러나 예전과 달랐다. 목표대로 돈을 번 것은 자치 팀에게 큰 성취가 아니었다. 사건 사고 뒤처리와 깨져 버린 팀워크에 대한 고민이 상흔처럼 남은 탓이다.

자치가 끝나고 얼마 안 되어 차량 사고를 일으켰던 정희가 내게 찾아왔다.

"씩씩이, 드릴 말씀이 있어요. 제가 저지른 일을 수습할 방법을 오랫동안 고민했는데, 아무리 생각해도 퇴사하는 게 제가 책임질 수 있는 유일한 길이었어요. 그만둘게요."

"퇴사는 도망치는 게 아닐까? 오히려 계속 일하면서 실력을 보충하고 향상하는 게 진짜 책임지는 행동 같지 않아요?"

"네? 그런 생각은 안 해 봤는데……. 제가 계속 피해를 입힐지도 모르잖아요."

"정희, 소풍가는 고양이에 오기 전에 다른 곳에서 아르바이트

해 봤죠? 거기선 사건 사고 없었어요?"

"있었어요."

"그때도 그만두는 것으로 해결했어요?"

"네."

"그럼 이번엔 다른 방법을 시도해 봐요. 민망하고 면목 없겠지만 주눅 들지 않고 계속 일하면서 애쓰는 걸로 말예요. 알았죠?"

정희는 자치 운영 때 처음으로 차량 사고를 낸 게 아니었다. 그전에도 차량 사고가 있었다. 하지만 이제는 체감도가 달랐다. 정희뿐 아니라 다른 구성원들도 마찬가지였다. 사실 이것만으로도 큰 성과였지만, 문제의 핵심을 정확하게 파악하고 해법을 찾지 않으면 자치 운영은 그저 좋은 경험으로만 남을 것이다. 문제는 어디에서나 일어나지만 문제의 요인을 제거해서 해결하느냐, 아니면 문제를 껴안고 같이 해결하느냐가 다를 뿐이다. 우리의 '경험'이 막연한 것이 되거나 일회성으로 끝나지 않도록 꼼꼼히 짚어 보고 이름 붙여 모두의 배움으로 이어 가는 과제가 남았다. 그러려면 한 번에 정리하려는 '욕심'과 좋은 게 좋은 거다 식의 '게으름'을 버려야 했다.

그래서 두 차례에 걸친 구성원 설문 조사와 상담, 관찰 기록 등을 토대로 일어난 현상을 찬찬히 분석하고, 그 내용을 바탕으로 몇 차례의 토론과 기획 회의를 열고 네 번의 전체 워크숍을 했다. 수수께끼를 밝혀내는 탐정처럼 단서를 쫓아 엉킨 실타래를 하나하나 풀어 갔다. 과연 우리는 좌충우돌했던 자치 운영을 통해 처음에 품었던 합리적인 의심을 말끔히 씻어 낼 수 있을까?

우리는 자치가 남긴 교훈을 세 가지로 정리했다.

첫째, 서로의 실력을 제대로 보게 되었나? 청소년·청년 구성원의 실력은 예상보다 허술했다. 그러나 새롭게 발견한 사실은 다 그렇지는 않다는 점이었다. 사건 사고의 주범은 청소년·청년 구성원 6명 중 3명으로 좁혀졌다. 이들의 상태를 제대로 파악하기 위해 사건 사고의 근본 원인을 '어쩔 수 없는 상황'과 '개인의 노력 부족'으로 나누었다. 모든 사건 사고는 업무를 진행하면서 일어난 것이기 때문에 개인과 회사의 공동 책임이다. 업무를 맡지 않았다면 애초에 일어나지 않았을 테니 말이다. 개인과 회사가 각각 책임져야 하는 부분을 공정하게 분리하여 살펴본 후 같은 일이 거듭되지 않도록 각각 보완해야 한다.

'어쩔 수 없는 한계'는 회사가 책임질 부분으로, 업무 특성상 일어난 일과 경험 부족이 여기에 해당한다. 예를 들어 가게 안이 아니고 바깥에서 일이 발생하면 돌발 상황에 대처하는 빠른 판단과 결정이 필요하다. 이럴 때는 많은 정보와 경험이 뒷받침되어야 하기 때문에 나이가 어리거나 입사 기간이 짧으면 혼자 힘으로는 해결하기 어렵다. '개인의 노력 부족'은 자신의 업무 내용과 업무 체계를 충분히 알고 익숙하게 하는지에 대한 것이다.

이처럼 사건 사고의 원인을 분류하고 얼마 동안 일했는지, 처음 접한 상황인지, 비슷한 사건 사고를 반복해서 일으켰는지 등을 고려하여 정리한 끝에 사건 사고 주범의 상태를 '구멍', '비숙련',

'블랙홀'의 세 가지로 나누었다. '비숙련'은 일을 시작한 지 1년도 안 되어서 매우 서툰 상태를 가리킨다. '블랙홀'은 비숙련인데 맡은 업무의 특성 때문에 사건 사고가 일어나면 파급 효과가 너무 커서 동료들이 수습하느라 하던 일을 모두 놓아야 할 정도로 주변을 빨아들이는 상태다. '블랙홀'은 다른 일을 맡기면 해결되므로 큰 걱정거리는 아니었다. 아주 흥미로운 존재는 바로 '구멍'이었다. 근속 기간이 길고 수많은 반복과 경험을 해 왔던 터라 당연히 능숙하다고 여겼는데 막상 뚜껑을 열어 보니 실질적인 능력이 부족한 경우다. '구멍의 발견'은 우리에게 새로운 고민을 안겼다.

둘째, 실력이 있는 사람과 그렇지 않은 사람에게 우리는 어떤 태도를 취하는가? 사실 사건 사고가 나쁜 것만은 아니다. 사건 사고 자체보다 더 중요한 것은 혼란스러운 사건이 처리될 때의 우리 모습이다. 문제를 함께 잘 처리하면 신뢰와 결속력이 강해지는 긍정적인 계기가 되고, 그러지 못하면 부정적인 계기가 된다. 그런 차원에서 사건 사고와 맞물려 등장한 '갈등'의 내용을 다시 살펴보면, '문제를 어떻게 해결할까?'와 '문제가 발생했을 때 나는, 우리는, 어떻게 행동해야 할까?'로 요약된다.

사건 사고가 일어나면 문제 해결도 해결이지만 여러 사람의 다양한 행동이 한꺼번에 나타나 아수라장이 되기 때문에 서로를 다시 보게 되고 생각할 게 많아졌다. 곤경에 빠진 구성원이 어떻게 공적으로 처신하는지, 폭탄처럼 문제를 터뜨린 구성원과 그 문제 자체에 다른 구성원들이 어떻게 반응하고 공적으로 처신하는지를 발견할 수 있었다. 문제를 해결하는 행위는 사람들에게 뭔가 비정상적인 상황에 대해 경고하고 실질적으로 자신이 갖고 있는 경험과 정보, 맥락적인 지식을 공유해야 하는 일이다.

까다로운 문제를 잘 처리해야 할 때 사람들은 평소 당연하게 해오던 절차에만 의지할 수 없다. 발생한 문제는 비정상적인 상황이며, 그래서 당황하는 것이다. 그러므로 일터에서 문제가 생기면 머리를 맞대고 각자 자기가 알고 있는 내용을 공유하는 '협력적인 몸짓과 소통'이 필요하며, 그러려면 구성원과 조직에 대해서 철저하게 알아야 한다. 예를 들어 긴급 상황에서 누구에게 연락해야 하고, 누구에게 의존하고 누구에게는 의존하지 못하는지, 또 필요한 것을 어디서 어떻게 구할 수 있는지에 관한 정보가 없으면 일어난 상황에 의문을 제기하고 해석할 수 없다.

협력적인 몸짓과 소통을 하는 사람은 동료의 실력이나 자기 실력이 있고 없음에 따라 행동하지 않고 '발생한 문제'에 집중하기 때문에 언제나 그 주변에 있다. 실질적인 도움이 되든 되지 않든 그것이 그 사람의 협력적인 몸짓이며 소통인 셈이다. 이를 통해 동료끼리 서로를 확인하면서 함께 일하는 사람의 유능함에 대한 존경과 서로에 대한 믿음을 형성하게 되는데, 그것은 직급이나 나이와 일치하는 것은 아니다.

셋째, 그렇다면 소풍가는 고양이에서 '실력'이란 도대체 무엇인가? 자치를 통해 새삼 깨달은 것은 '협력에 대한 각성'[1]이었다. 협력은 서로를 이해할 수 없는 사람들끼리 일할 수 있는 기술이었다. 누구를 돕고 양보하는 착한 마음씨나 됨됨이가 아니라 실제로 일을 차질 없이 완수하는 데 윤활유를 쳐 주는 기술이고 역량이었다. 우리는 일터에서 일을 잘 해낼 수 있는 또 하나의 힘, '협력'을 새롭게 발견했다. '실력의 비밀'에 한 발짝 다가선 것이다. 보통 일터에서 가장 중요하게 여기는 실력은 '생산력'이다. 돈과 직접적으로 연결되는 능력이기 때문에 매우 중요한 힘이지만 그렇다고 '유일한 힘'이라는 뜻은 아니다. 생산력은 일을 해내는 다양한 힘 중 하나일 뿐이고, 다른 힘들도 생산력만큼이나 중요하다.

우리는 우리에게 중요한 실력과 성장 항목을 정한 뒤 모두 모여서 각자 어느 정도인지 평가했다. 역량은 모두 네 가지다. 상품을 만드는 '생산의 기술', 다른 사람과 함께 작업하는 '협력의 기술', 스스로 노력하는 '연마의 기술', 마지막으로 내가 어떤 사회적 장소에서 일하며 회사와 어떤 영향을 주고받는지 파악하는 '조직의 기술'. 네 가지 큰 항목에는 다시 세부적인 실천 항목을 달았다.

스스로 평가하는 자기 평가 점수와 서로 평가하는 동료 평가 점수를 더한 뒤에 평균을 내면 개인의 역량 점수가 나온다. 각 구성원의 개인 역량 점수를 모두 합쳐서 구성원 전체 평균을 냈다. 개인 평균 점수와 전체 평균 점수를 비교해 개개인의 역량이 어디쯤에 있는지 그래프로 만들어 다 함께 살펴보았다.

---

1) 협력에 관해서는 리처드 세넷, 『투게더』, 김병화 옮김, 현암사, 2013의 도움을 많이 받았다.

결과는 놀라웠다. 전체 평균 점수보다 높은 사람과 낮은 사람이 청소년·청년과 어른으로 구분되는 게 아니었기 때문이다. 높은 사람 쪽에 속한 2명의 청소년·청년 구성원은 어른 구성원보다 생산의 기술 점수는 낮았지만 협력의 기술과 조직의 기술 점수가 높았고 총점은 대등했다. 우연의 일치인지 두 사람 모두 24세였으며 3년 이상 일한 사람들이었다. 이들은 미성숙하고 의존적인 존재가 아니었다.

## 자각의 시간

자치를 마치고 한 달 뒤에 세금까지 전부 내고 자치 운영의 셈이 마무리됐다. 공개된 금액에 모두 깜짝 놀랐다. 높은 이익을 기록했기 때문이다. 이렇게 많은 이익은 창업 후 처음이었다. 우리는 이미 자치에서 얻은 게 많다는 사실을 깨달은 다음이라 이것이 정말 '선물' 같았고 가슴이 벅찼다. 그렇다고 마구 나눌 수는 없는 노릇. 네 시간에 걸쳐 진지한 분배 워크숍을 했다.

분배를 두고 다양한 의견이 나왔다.

"같이 고생했으니 똑같이 나누는 게 좋겠어요."

"실력이 다르니까 기여한 것도 다를 수밖에 없는데 똑같이 나누는 건 불공평한 것 같아요. 노동 시간이나 실력과 기여도에 따라 다르게 분배해요."

"좋은 의견이에요. 하지만 실력과 기여도를 어떻게 측정할 수 있을까요? 그리고 그런 측면은 월급에 반영됐다고 생각해요. 월급이 제각각 다르잖아요. 월급은 1차 분배와 같아요. 그러니 이익을 2차 분배라고 본다면 차별 없이 공평하게 나누는 게 좋지 않을까요?"

"그럼 월급에는 자치 운영 기간 동안 책임을 맡은 2명이 수고한 부분은 반영되지 않았겠네요? 3개월 동안만 했으니까요. 그렇다면 책임자들이 기여한 부분을 따로 챙겨야 할 것 같아요. 그리고 지원 팀도 자치 운영을 지원한 거니까 차별하지 말고 같이 분배해요."

"소풍가는 고양이에서 자치 운영의 기회를 주지 않았다면 이런 분배도 없었겠죠. 그러니 30퍼센트는 회사에 재투자하거나 적립하는 게 어떨까요?"

행여 누구라도 불만을 품지 않게 모두들 여러 변수를 살피며 신중하게 토론에 토론을 거듭했다. 그 와중에 의견이 분분해서 목소리가 높아지기도 했지만 조금씩 의견 차를 좁혀 나갔다. 구성원 모두 적절한 보상에 만족하며 욕심 내지 않고 공평하게 나누고 싶어 했다. 그리하여 책임자 2명에게 각각 2.5퍼센트씩 성과급을 더 분배하고 남은 95퍼센트는 모든 구성원(지원 팀 포함)이 똑같이 나누기로 결정했다. 모두들 태어나서 처음으로 우리 방식의 '공평한 분배'를 경험했고, 그동안의 고생과 고뇌가 헛되지 않았다는 생각에 뿌듯하고 기뻤다. 이 순간 우리는 '경제적 손익 분기

점'이나 '이윤'이란 그저 회사가 궁극적으로 추구하는 다양한 가치를 실현할 수 있는 하나의 수단일 뿐이라는 사실을 깨달았는지도 모르겠다.

그럼 이제 무엇을 해야 할까? 많은 것이 변해 버린 상태에서 예전처럼 일할 수는 없었다. 서 있는 자리가 바뀐 사람들, 실력이 재확인된 사람들이 제대로 설 자리를 마련해야 했다. 무엇보다 실력을 갖춘 청소년과 청년 구성원이 어리다는 이유로 제대로 대접받지 못하는 일이 없게 해야 했다. 일터라는 사회적 장소에 걸맞은 '공적 의례'와 더불어 구성원의 체감도와 사기가 달라진 만큼 자치의 경험을 이어 갈 방안이 필요했다. 지금이 미래를 대비한 '진짜 제도'를 만들기에 적당한 때였다. 자치를 하기 전에 대표 이사 1인 체제가 강화되는 흐름이 생겼던 것은 그걸 막아 줄 제도가 미흡하다는 뜻이기도 했다.

소풍가는 고양이의 운영에 깊이 관여할 수 있는 기회와 진짜 주인이 될 수 있는, (형식에 그치지 않는) 공식적이고 실질적인 제도는 무엇일까? '주인의 역할'에는 실력과 책임이 모두 요구되는데 나이가 찼다거나 경력이 많다고 해서 저절로 되는 건 아니었다. 성급하게 굴지 말고 구성원의 성장 속도에 맞춘 민주적인 절차와 경험 쌓기의 중요성을 깨달아야 했다.

우리는 소풍가는 고양이의 운영을 맡을 운영 위원을 뽑기로 했다. 선출 방법과 기준, 자격, 임기, 역할, 책임과 혜택 등에 관련된

개괄적인 내용을 정했다. 구성원들은 후보를 추천하고 자격을 검증했다. 나이, 성별, 학력은 우리의 기준이 아니었다. 개인의 역량 평가 점수가 전체 평균 이상인지, 일한 기간이 2년을 넘겼는지, 앞으로도 계속 일할 계획인지 물었고, 3명의 후보가 확정됐다. 그 뒤 선거 포스터와 투표용지 준비, 후보들의 연설, 비밀 투표를 진행했다.

우리 선거는 후보 3명 중에서 1명을 뽑는 게 아니라 후보 한 사람 한 사람이 적합한지 아닌지를 판단하는 찬반 선거였다. 투표 결과 전체 70퍼센트 이상의 찬성표를 얻은 3명의 운영 위원이 당당하게 뽑혔다. 이렇게 해서 2017년 3월부터 소풍가는 고양이는 운영 위원을 중심으로 움직였다. 기획 1개월, 자치 운영 3개월, 평가 2개월. 자치라는 모험이 완료되는 데 무려 6개월의 시간이 걸렸다. 자치는 양적 성장이라는 변화 속에서, 어른과 청소년·청년의 구별이 예상치 못한 방향으로 흘러가는 문제를 바로잡아 보려는 시도였다. 어쩌면 소풍가는 고양이가 어른을 '인재상'이라고 말한 순간부터 이미 예견된 미래였는지 모른다.

흔히 '사회생활'이라고 말하는 일터는 어른들의 세계다. 이 세계가 어른으로 행동하기를 요구하고 요구받기 때문이다. 이때 이야기되는 '어른'은 어떤 모습의 사람일까? 어떤 역할을 하는 사람일까? 그리고 몇 살일까? 어른은 일정한 시간을 보내면 저절로 되는 것이므로 사실은 목표가 아니다. 갓 태어난 아기가 어린이로 자라는 것을 목표로 삼지 않는 것처럼 말이다.

그런데 몸이 다 자란 사람이라는 측면에서는 노력하지 않아도 저절로 이루어지지만 '어른스러움'을 이야기하면 차원이 달라진다. 번데기가 나비로 탈피하듯이 때가 되면 갑자기 성숙한 존재로 변신하는 게 아니기 때문에 살아가면서 꾸준히 배우고 깨닫고 실수하고 경험하며 한 땀 한 땀 스스로 그려 나가야 한다.

하지만 숫자에 불과한 나이로 구분 짓는 어른은 위계 문화의 일부다. 우리가 나이와 상관없이 서로 별명을 부르고 직급이 없는 수평 구조를 만드는 것은 '어른스러움'이 지닌 오랜 사회 경험과 실력에 대한 '존경'을 거부하는 게 아니라 가만히 있어도 저절로 몸에 새겨지는 나이라는 숫자로 강자와 약자, 위와 아래를 구분 짓는 불평등을 거부하는 것이다. 따라서 '어른스러움'은 나이와 무관하며, 그 실체도 알 수 없다. 자치는 그런 의미에서 우리 모두에게 '어른으로 행동할 기회'였으며, 우리 몸에 배어 익숙할 대로 익숙해진 오랜 습관을 낯설게 바라보고 바꿔 보려는 도전이었다.

자치를 시작할 때 품었던 합리적인 의심은 솔직히 말하면 "먹고살려면 어쩔 수 없다."는 말에서 벗어나려는 몸부림이었다. 규모를 확장하고 생산을 늘리는 공격적인 성장 자체가 목적이 되어 다른 목적을 희생시키게 될 것에 대한 두려움 때문이었다. 돈 앞에서 무너지거나 돈에 압도당하지 않으려고 아무리 애를 써도 문득문득 "먹고살려면 어쩔 수 없다."는 말을 내뱉게 됐다.

이 말은 마치 주술과도 같아서, 내가 가치와 기준에 위배되는 행위를 하려 들 때나 아슬아슬하게 경계를 넘나들 때 합리적인 근거가 되어 주었다. 우리가 먹고살려면 경쟁은 바람직하고 필요하며 피할 수 없는 것이라고 배웠기 때문이다. 능력이 많은 사람이 사다리의 꼭대기에 먼저 도달하는 것은 당연하며, 그때 능력이 적은 사람을 신경 쓰는 건 바보짓이라고 배웠기 때문이다. 그들은 노력하지 않아서 능력이 없는 것이고, 그래서 사다리에 오르지 못하는 것이니, 가난하고 못난 건 그들 탓이라고 배웠기 때문이다. 나이, 성별, 출신 지역, 학벌은 경쟁에서 이기는 데 매우 유리한 무기라는 것을 사회에서, 일터에서 날마다 경험하며 그대로 믿었기 때문이다. 한쪽 저울이 기우는 교환은 나눔이 아니라 손해라고 배웠기 때문이다. 옳지 않다는 사실을 알게 된다 해도 먹고살려면 어쩔 수 없다고 여겼기 때문이다.

6개월의 시간은 그렇게 배운 것에서 벗어나려는 안간힘이었고, 배운 대로 하지 않아도 먹고살 수 있다는 것을 우리 스스로에게 증명해 보이는 시간이었다. 그러면서도 이렇게까지 해야 하나, 코딱지만 한 가게에서 너무 지나친 건 아닌가, 돈을 벌어야 하는데 이런 시간을 보내다가 망하면 어쩌나 걱정되고 불안해지는 마음과 힘겹게 싸운 시간이었다.

그렇다고 우리가 생존을 넘어서는 것, 먹고살려면 어쩔 수 없다는 말에 압도당하지 않는 방법을 찾은 건 아니다. 그 해답은 여전히 오리무중이다. 그저 소풍가는 고양이를 오랫동안 유지하면서 구성원들과 나눌 수 있고 다양한 가치를 실현할 수 있는 적절한 이윤, 모두에게 적절한 보수, 적절한 노동량, 일에 최선을 다할

수 있는 적절한 노동 시간, 적절한 의사소통, 적절한 고민, 적절한 시행착오를 거치면서 우리에게 맞는 '적절한 성장'이 무엇인지 찾아가고 싶다. 어쩌면 이런 이유 때문에 우리는 앞으로 영영 소규모를 벗어나지 못할지도 모른다. 그러나 우리는 이것이 돈 버는 것과의 힘겨루기를 멈추는 것이라고 생각하지는 않는다. 우리는 다만 경제적 성공에 대한 강조를 멈추고, 승자에게만 이로운 체계를 만들지 않으려는 것뿐이다.

우리가 하고자 하는 바를 하려면 건강한 재정 상태가 뒷받침되어야 한다. 우리는 이것이 돈을 많이 벌고 그 후에 가치를 지키는 순서의 문제가 아니라 톱니바퀴처럼 맞물려서 나란히 돌아간다는 것을 막 배웠으며, 앞으로 능숙해지도록 노력할 것이다. 이런 경험이 앞으로 우리를 어디로 데려갈지는 알 수 없다. 우리는 겁쟁이는 아니지만 그렇다고 대단한 투사도 아니기 때문에 그 길이 조금은 평탄하기를 바란다. 그리고 '서로 의존하며 먹고살기를 해결하는 일터'라는 판타지가 스릴러로 끝나지 않고 해피엔드이기를 간절히 바란다.

## 감사의 말

　나는 기억력이 좋은 편이 아닌데 유독 소풍가는 고양이를 거쳐 간 모든 청소년과 청년의 처음 모습만큼은 잘 기억한다. 어쩌면 잊지 않으려고 노력했다는 표현이 더 적절할지 모르겠다. 비록 삶의 일부분이긴 하지만, 이들이 청소년에서 어른으로 성장해 가는 전환기라는 매우 중요한 시기를 기록하고 기억해야 한다는 의무감이 컸다. 그 이유는 사적 기록, 사적 경험이 아니라 사회적 기록, 사회적 경험이라고 생각했기 때문이다.

　그러나 내가 머물고 있는 세계는 아주 작고, 내가 만난 청소년과 청년의 수도 아주 적어서 내 경험은 아직 보잘것없다. 내 견해가 논리적으로 깔끔하게 들어맞진 않겠지만 경험 중심의 '아마 그럴 것이다.'라는 전제가 이 책을 읽는 분들이 우리 이야기에 편한 마음으로 귀 기울이고 다양한 의견을 존중하게 되는 데 도움이 되기를 간절히 희망한다.

　나는 많은 분들의 도움을 받아 이 책을 마무리할 수 있었다. 가장 감사하고 싶은 분들은 지금의 소풍가는 고양이를 만들고 지키기 위해 모든 것을 쏟아부으며 헌신한 4명의 창업 동료들 김은지, 나종우, 차주희, 홍세정 씨다. 이분들이야말로 이 책의 시작이며 끝이고, 전부다. 또한 이 책의 훌륭한 감수자가 되어 주신 소풍가는 고양이의 모든 동료들― 김익준, 박선희, 박종진, 안혁, 오소율, 원현주, 최수연, 홍성애 씨에게 깊은 감사의 마음을 전한다. 그분들이 떡하니 버티고 계셨기에 과장도 미화도 하지 않는 힘빼기를 충실히 할 수 있었다. 그리고 소풍가는 고양이의 본체라고 말할 수 있는 하자센터의 연금술사프로젝트를 출발시키고 주춧돌을 놓아 주신 기부자이며 경영 멘토인 (재)해피빈 창립자 권혁일 선생님, 산파 역할을 하고 나를 이곳으로 이끌어 주신 하자센터 조한혜정 선생님과 전효관 선생님, 강원재 선생님, 황윤옥 선생님을 비롯해 소풍가는 고양이의 비빌 언덕이자 오랜 단골인 하자작업장학교 김희옥 교장선생님과 선생님들, 학생들, 하자마을 주민들, 그리고 모든 노하우를 전수해 주신 동네부엌 김미현 사장님과 김영중 선생님께도 감사드린다. 장사를 시작할 때 묻지도 따지지도 않고 단골부터 되어 주며 늘 격려와 응원을 아끼지 않으시는 연세대학교 대학원 문화인류학과 김현미 선생님, 나임윤경 선생님께 깊은 감사의 말씀을 드린다.

　고민과 번뇌에 사로잡혀 갈팡질팡할 때마다 같이 고민하며 따끔하고 너그러운 조언을 아끼지 않은 줌마네 대표이자 영화감독 이숙경 선생님과 문화 기획자 이유진 선생님, 살림센터 장민경 선생님, 사회적 기업 선배의 연륜을 보태 주신 (주)오요리아시아 이지혜 대표님, 7년째 한결같은 마음으로 경영 컨설팅을 해 주시는 안호성 선생님, 항상 치열하게 토론하며 사업을 진화시키는 데 도움을 주는 남보현 선생님과 이범식 선생님, 소풍가는 고양이의 어쭙잖은 음식 솜씨와 배달 실수를 기억하고 계시는 오랜 단골손님을 포함한 모든 손님들. 이분들은 소풍가는 고양이의 숨은 공로자들이다. 또한 언제 어디서나 소풍가는 고양이를 응원하는 대학원 도반들과 성미산 마을 주민들, 성미산 마을금고 회원들, 성미산학교 최경미 선생님께도 감사하다.

이 책을 기획하고 내용의 완성도를 높이기 위해 길잡이가 되어 주신 김혜영 선생님과 집필이 늦어져 애를 태우신 사계절출판사 청소년교양팀 정은숙 팀장님, 멋진 그림으로 책을 더욱 풍성하게 만들어 주신 봉지 작가님, 박주혜 편집자님께 특별히 감사드린다. 이분들이 없었다면 우리의 이야기는 세상 밖으로 나오지 못했을 것이다.

끝으로, 언제나 곁에서 깊은 통찰을 나눠 주는 박영원 씨와 한결같은 사랑과 지원을 아끼지 않는 가족에게 고마운 마음을 전한다.

2017년 가을
박진숙